»Man sieht nur,
was man weiß.«

Karin Opitz

Kreuz und quer durch Sachsen-Anhalt

Mit Illustrationen von
Mirko Rathke (Titelbild),
Wolfgang Donath, Bianca Dziwas,
Sonja Riedelsberger, Ehrhard Seume,
Rosemarie Wendicke und Heike Wilde.

TAUCHAER VERLAG

Opitz, Karin
Kreuz und quer durch Sachsen-Anhalt / Karin Opitz
1. Aufl.- [Taucha]: Tauchaer Verlag 2012
ISBN 978-3-89772-218-7

© by Tauchaer Verlag
Gestaltung: Helmut Selle
Herstellung: Neumann & Nürnberger Leipzig GmbH
Satz: Tauchaer Verlag
Druck und Verarbeitung:
Westermann Zwickau
Printed in Germany
ISBN 978-3-89772-218-7

Inhalt

Wie gut, dass sich Pfarrer Stifel geirrt hat! 7

Auf dem Fliegerweg zur Gräfin Cosel und zurück 12

Wo ein heimatverwurzelter Landarzt
altmärkische Geschichte bewahrt hat 17

Die »Dürrenberger Schamanin«,
Heinrich I. und »Vater Borlach« 22

Alte Brautradition und ein junger Roland 28

Wo ein reich ausgestatteter Germanenfürst 1 700 Jahre unter
einer mächtigen Steinschicht in einer Sanddüne ruhte 33

Vom einzigen Roland zu Pferde,
der sich sogar drehen konnte 38

Prinzessin Ilse hätte ihre Freude daran 43

Martin Luther, drei heilige Frauen
und ein junger Arbeitersportler 48

»War ein Stück von Goethe oder Schiller angekündigt,
so begann sofort eine wahre Völkerwanderung« 53

Von Röcken und Poserna
hinaus in die Welt (und zurück?) 58

Warum Fremde ihren Blick meist nach oben richten   64

Gefährdetes einzigartiges Zeugnis kursächsischer
Barockarchitektur und blühende Gartenstadt   69

Von Anna Maria und Klein-Friedenthal   73

Standesgemäßer Herrensitz und noble Adelsherberge
mit einem düsteren Geheimnis   77

Wie gut, dass sich Pfarrer Stifel geirrt hat!

Annaburg ist ein malerisches, geruhsames Heidestädtchen, in dem die Uhren ein bisschen langsamer zu ticken scheinen. Doch der erste Eindruck ist trügerisch. Annaburg steckt so voller Überraschungen, dass man gar nicht genug staunen kann! Da sich diese aber nicht aufdrängen, wird ihre Suche in dem knapp 4 000-Einwohner-Städtchen, das als östlichste Stadt Sachsen-Anhalts noch 35 Kilometer südöstlich von Wittenberg liegt, zu einer spannenden Entdeckungstour.

Schon auf dem Marktplatz zieht ein ungewöhnlicher Brunnen die Aufmerksamkeit an. Dass hier ein Pfarrer auf einer geborstenen Erdkugel steht, hat folgende Bewandtnis: Nach Lochau, so hieß der Ort damals, war 1528 ein gewisser Michael Stifel gekommen. Martin Luther hatte ihm die Pfarrstelle verschafft, und Stifel fiel wohl nichts Besseres ein, als »Buchstabenrechnen« auf die Bibel anzuwenden. Dabei kam er zu dem Schluss, dass am 19. Oktober 1533 um 8 Uhr früh die Welt untergehen werde. Keiner konnte Stifel dazu bringen, dies für sich zu behalten. Und so kamen von nah und fern Gläubige, die vorher ihr Hab und Gut verkauft hatten und den Erlös in Wirtshäusern verzechten. Doch der Tag des Jüngsten Gerichts blieb aus, und die kurfürstlichen Beamten hatten zu tun, um Stifel vor der empörten Menge zu retten. Später hat er übrigens noch Mathematik studiert und sich besonders in der Algebra echte Verdienste erworben.

Die frühe Geschichte des Ortes liegt ziemlich im Dunkeln. Im 13. Jahrhundert ließen askanische Fürsten hier das Jagdschloss Lochau errichten, und der letzte ihrer Herzöge zog sich bei einem Schlossbrand 1422 so schwere Verletzungen zu, dass er an den Folgen verstarb. Eine erste Blütezeit erlebte Lochau unter Friedrich dem Weisen, Kurfürst von Sachsen. Dieser war ein Förderer der Reformation und Beschützer Martin Luthers – und ließ zu Beginn des 16. Jahrhunderts das Vorder- und Hinterschloss errichten, mit Marstall und Brauhaus, Gärten, Teichen, Kanälen und einem Tiergarten. Er hatte sich damit wohl seinen Lieblingssitz geschaffen, denn er weilte oft mit großem Hofstaat hier und starb auch in Lochau, im Mai 1525.

Wohl um in der wildreichen Lochauer Heide seiner Jagdleidenschaft zu frönen, ließ Kurfürst August von Sachsen zwischen 1572 und 1575 ein neues Schloss bauen. Dass seine Gemahlin, Anna Auguste von Dänemark, zur Namensgeberin von Schloss und Ort wurde, hat seinen guten Grund: Die für ihre Zeit außergewöhnliche Frau war die bekannteste deutsche Landesfürstin der Neuzeit. Sie galt als vorbildliche Landesmutter, war das Idealbild der lutherischen Hausfrau und brachte 15 Kinder zur Welt, von denen nur vier überlebten. Vor allem aber war sie ihrem Gatten eine kluge, weitsichtige Beraterin, die außerdem die 70 Gutsbetriebe des sächsischen Fürstenhofes leitete. Sie erwarb sich Verdienste im Obst- und Weinbau wie in der Tier- und Bienenzucht und der Herstellung pflanzlicher Arzneien. Ja, sie destillierte sogar Alkohol, und es wird berichtet, dass sie gelegentlich Branntwein in kleinen Glasfläschchen verschenkte, wobei sie aber die kostbaren Gefäße zurück erbat. In Annaburg betrieb sie ein Destillierhaus, und im Schloss entstand die erste sächsische Hofapotheke. Weil sich Anna auch um das Wohlergehen der Untertanen kümmerte und Kranken und Schwachen beistand, wurde sie vom Volk »Mutter Anna« genannt.

Nach dem Tod des Paares wurde das Schloss nur noch gelegentlich für Jagdaufenthalte genutzt. Es verfiel zusehends und verlor im Dreißigjährigen Krieg fast seine komplette kostbare Innenausstattung. 1762 zog ins Schloss das »Versorgungswerk für arme Soldatenkinder« ein, ein Militär-Knaben-Erziehungsinstitut, in dem Jungen eine kostenlose Ausbildung erhalten und anschließend die angegliederte Unteroffizier-Vorschule besuchen konnten. Beide Schulen wurden 1921 aufgelöst. – Heute beherbergt das Hinterschloss eine interessante Ausstellung zur Schlossgeschichte, und selbst sein Turm ist bemerkenswert. Er besitzt keine Wendeltreppe, sondern einen gepflasterten Wendelgang zum Hinaufreiten.

Doch es ist nur eines von den vier Museen, die den außergewöhnlichen Museumsreichtum ausmachen. Da ist noch die 1903 erbaute Samendarre, die älteste Kiefernsamendarre Deutschlands, die auch Betriebsführungen anbietet. Hier ist jetzt zudem die Forstsaatgutberatungsstelle für Sachsen-Anhalt angesiedelt. Noch etwas älter ist das einstige Steingutwerk. Heute wird hier Porzellan hergestellt, das sich mit dem gekrönten »A« schmückt. Das Werk kann bei laufender Produktion besichtigt werden und lädt außer zum Einkauf auch in ein originelles kleines Museum ein.

Das Amtshaus neben dem Schloss wurde 1578 nach einem Brand neu aufgebaut. In dem nicht nur äußerlich imposanten Gebäude, das als der bedeutendste Fachwerkbau im Osten Sachsen-Anhalts gilt, befindet sich neben Bibliothek und Trauzimmer auch eine sehr interessante Sammlung zur Stadtgeschichte.

Dabei kommt ein Kapitel zur Sprache, das wohl nur wenigen bekannt ist: Annaburg beherbergte das größte Kriegsgefangenenlager für indische Militärpersonen. Diese waren ab 1941 aus dem Bild und Leben des Städtchens nicht mehr wegzudenken. Als Angehörige der Commonwealth-Truppen waren sie in Nordafrika und Italien gefangen genommen und nach Annaburg in die ehemalige Unteroffizier-Vorschule gebracht worden. Augenzeugen erinnern sich, dass die mehr als 1 000 Inder in unterschiedlichen Bereichen gearbeitet hatten. Sie sollen freundlich gewesen sein, sauber gekleidet und Sport getrieben haben. In der Ausstellung befindet sich ein Brief, den ein Subhas Sohan Singh, der von 1943 bis 1945 im Annaburger Lager war, 30 Jahre später an die Bauernfamilie Kossagk geschrieben hat. Er habe auf ihrem Hof gearbeitet und erinnere sich mit gutem Gefühl an jene Jahre. Er sei längst selbst Landwirt und würde Annaburg und die Kossagks gern wiedersehen. Deshalb bitte er um Hilfe bei den notwendigen Formalitäten. Im Museum weiß man, dass es seitdem regelmäßigen Kontakt gibt und der fast 90-Jährige demnächst wieder Besuch aus Annaburg bekommen wird.

Offensichtlich wurden die Inder besser verpflegt als die übrigen Kriegsgefangenen, und wenn Rot-Kreuz-Pakete kamen, hatten sie sogar Schokolade, Zigaretten und Tee. Auch in ihrer

Religionsausübung waren sie kaum beeinträchtigt. Doch das war kein Zufall. Bereits 1941 war Subhas Chandra Bose in Annaburg, einer der großen Führer der indischen Befreiungsbewegung. Aber anders als Mahatma Gandhi und Jawaharlal Nehru setzte er nicht auf Gewaltlosigkeit. Er kam, um im Einverständnis mit der deutschen Militärführung unter den Kriegsgefangenen Freiwillige für die Indische Legion zu gewinnen. Diese sollten in Deutschland ausgebildet werden und unter dem Banner »Azad Hind« (Freies Indien) durch den Kaukasus und Persien nach Indien marschieren und dort für die Beendigung der britischen Kolonialherrschaft kämpfen. Weil dies aber durch die Entwicklung an der Ostfront nicht mehr möglich war, wurden sie als Sonderformation des deutschen Heeres an die Westfront verlegt, zunächst nach Holland, später an die französische Südwestküste. Ins eigentliche Kriegsgeschehen waren sie jedoch nicht eingebunden, sondern vor allem mit Aufgaben zum Schutz des Atlantikwalls betraut. Und obwohl sie auf dem späteren Rückzug nach Deutschland Angriffen der Alliierten und französischer Widerstandskämpfer ausgesetzt waren, erreichten sie fast vollständig deutschen Boden. Von amerikanischen und französischen Truppen gefangen genommen, wurden sie von den Briten ins Red Fort nach Delhi gebracht und angeklagt. Doch die Stimmung im Land war so aufgeheizt, dass es die Briten nicht wagten, ihnen den Prozess zu machen. – Am 15. August 1947 schließlich konnte Nehru als Zeichen der Unabhängigkeit am Roten Fort die britische Fahne einholen und die indische Nationalflagge hissen.

Auf dem Fliegerweg zur Gräfin Cosel und zurück

Das kleine Laucha ist ein bemerkenswertes Unstrut-Städtchen. Es kann sich mit gleich drei Besonderheiten schmücken und daraus einen wohl einmaligen Beinamen machen: Glocken-, Flieger- und Weinstadt. Das einzigartige Glockenmuseum, das seine Heimstatt in einer original erhalten gebliebenen Glockengießerwerkstatt von 1790 gefunden hat, liegt gleich am Stadteingang. Hier wurden mehr als 5 000 Bronzeglocken gegossen. Es wird auch die Balgstädter Glocke gezeigt. 1311 von Mönchen gegossen, ist sie nicht nur die älteste Glocke im Unstruttal, sondern sogar eine der ältesten Glocken Deutschlands. Reizvoll ist der mittelalterliche Marktplatz mit der spätgotischen Marienkirche und dem markanten Rathaus, dessen Vorderseite von einer doppelläufigen, überdachten Treppe geschmückt wird. Beim Rundgang durch die einst durch Handwerk und Handel reich gewordene Stadt ist ihre Wehrhaftigkeit nicht zu übersehen. Das Zentrum ist von einer 1 100 Meter langen, gut erhaltenen Stadtmauer umgeben, die mit ihrem spätgotischen Obertor und zwei Bastionen imposante Fotomotive liefert. Durch das ehemalige Straßendorf verlief die alte Heerstraße von Bad Salzungen nach Freyburg und Merseburg, und auch heute gibt es gute Gründe, hier Station zu machen.

Schon um 1400 findet sich für die Lauchaer Flur der erste Hinweis auf Weinanbau, was auch nicht verwunderlich ist. Schließlich hat sich die Unstrut hier tief in den Muschelkalk eingegraben, so dass am östlichen Rand des Tales ein günstiges Klima für den Weinbau herrscht. Und genau dorthin möchte ich Sie entführen. Um auf die andere Seite zu gelangen, brauchen Sie nur die Brücke mit ihrem breiten Wehr zu überqueren, auf der sich gut den Paddelbooten beim Schleusen zuschauen lässt. Immerhin sind fast zwei Meter Höhenunterschied zu überwinden. Der Weg in den kleinen Ort Dorndorf, der schon 1950 eingemeindet wurde, ist nicht weit. Das 1350 erstmals erwähnte Dorf soll ursprünglich nicht im Tal, sondern auf der Anhöhe oberhalb der Straße nach Gleina gelegen haben. Es hat wohl eine über 4 000 Jahre alte Besiedlungsgeschichte, worauf zumindest die vier aufgefundenen Höckergräber und 60 Urnen hindeuten

Am nördlichen Ortsrand des Weindorfes führt ein mit gelbem Quadrat auf weißem Grund markierter Weg ein Stück ziemlich steil bergauf. Das große Gebäude, das einst Fliegerschule und später Krankenhaus war, lassen wir rechts liegen und sind bald am Flugplatz. Schon 1932 wurde hier wegen der guten thermischen Verhältnisse ein Segelflugübungsplatz eröffnet, und Laucha-Dorndorf war bald ein bekannter Segelflugort. 1976 wurde der Flugplatz geschlossen, doch schon 1991 fand mit großem Erfolg wieder der erste Flugtag statt. Die einstige Fliegerschule ist jetzt Haus der Luftsportjugend.

Wer auf dem Fliegerweg unterwegs ist, sollte seine Augen überall haben: Da werden rechterhand an der Winde Segelflugzeuge gestartet, erheben sich Ultraleichtflugzeuge in die Luft, und auch die Landungen sind nicht weniger beeindruckend. Bei guter Thermik genügt Drachen und Gleitschirmen bereits der Hangaufwind, um abzuheben. Das macht den Blick nach links doppelt interessant, weil hier auch die Flugmodelle gestartet werden.

Doch das ist nicht der einzige Grund, nach links zu schauen. Der Weg verläuft an der Hangkante, und tief unten schlängelt sich die Unstrut dahin. Oben ist der steile Hang mit Büschen und Trockenrasen bestanden, die nach unten bald von Streuobstwiesen und Rebstöcken abgelöst werden. Der weite Blick ist besonders im Frühling so malerisch, dass man es fast bedauert, dass der Weg bald ins Tal hinunter führt, wo er auf den Hauptwanderweg trifft. Wir verlassen dort erst einmal den

Fliegerweg und folgen dem Hauptwanderweg nach rechts in Richtung Burgscheidungen.

Bald liegt der Burgberg Scheidungen vor uns, der wohl schon seit 5 000 Jahren besiedelt ist. Für die uralte Annahme, dass sich hier einst der Hauptsitz des alten thüringischen Reiches befunden hat, wo die Thüringer später von den Franken vernichtend geschlagen worden sind, haben sich bei Grabungen leider keine Anhaltspunkte ergeben. Wo der Königshof aber wirklich gewesen ist, wird wohl ewig ein Rätsel bleiben.

Auf dem Burgberg steht heute eine stattliche Vierflügel-Anlage. Sie geht auf Levin von der Schulenburg zurück, der das Schloss 1722 erworben hat. Er beauftragte den sächsischen Landesbaumeister David Schatz mit dem Umbau zum Barockschloss, doch nur der Nord- und Ostflügel wurden vollendet, während der Süd- und Westflügel aus der Renaissancezeit erhalten blieben.

Auf jeden Fall können Sie direkt neben dem Schloss gleich mit der »Gräfin Cosel« Bekanntschaft schließen. Dass das stilvolle Café den Namen der bekanntesten Mätresse Augusts des Starken trägt ist kein bloßer Marketing-Gag, sondern hat einen realen Hintergrund: Bis 1714 war der Schloss- und Gutsbesitzer nämlich der Freiherr Adolph Magnus von Hoym. Dieser hatte nicht nur den Umbau im Stil der Renaissance veranlasst, sondern auch die braunschweigische Hofdame Anna Constantia von Brockdorff umworben, sie als künftige Gemahlin nach Burgscheidungen geholt und nach längerem Brautstand auch geehelicht. Die Ehe erwies sich jedoch alles Andere als glücklich, und bald fiel die hochgebildete, lebenslustige junge Frau in Dresden auch August dem Starken auf. Dieser schlug aber Hoyms Warnung vor der »bösartigen und herrschsüchtigen« Frau in den Wind, sondern machte sie vielmehr zu seiner Mätresse und erwirkte beim Kaiser ihre Erhebung in den Stand einer Reichsgräfin. – In der Biographie der Cosel spielt das kurze Kapitel Burgscheidungen gewöhnlich keine Rolle. Doch bei einer Führung durch das Schloss kann man sich nicht nur über die Geschichte von Schloss, Park und Ort informieren, sondern auch über den Aufenthalt der späteren Gräfin Cosel.

Es macht den besonderen Reiz des Anwesens aus, dass die Familie von der Schulenburg den Schlosspark mit seiner Grotte und symmetrischen Wegen in Terrassen anlegen und die Rasenböschungen mit Skulpturen schmücken lassen hat. Im Tal setzte sich die Mittelachse des Terrassengartens im Lustgarten fort. Noch heute ist die Anlage so erhalten. Ob nun der Blick von oben reizvoller ist als der von unten ist Ansichtssache. Unbestreitbar aber ist seine Einzigartigkeit. Schön, dass das Ensemble von Schloss und Park Aufnahme in die »Gartenträume – Historische Parks in Sachsen-Anhalt« gefunden hat.

Für den Rückweg nach Dorndorf empfiehlt sich der Hauptwanderweg, auf dem Sie schon ein Stück gegangen sind. Bald treffen Sie auch wieder auf den Fliegerweg, der mit dem Hauptwanderweg der Unstrut folgend direkt am Fuße der Berge verläuft und oft geologische Besonderheiten präsentiert. So auch kurz vor Dorndorf ein Naturdenkmal wie Glockenseck. Über diesen markanten Buntsandsteinfelsen wird erzählt, dass hier ein Bauer, bei Finsternis durch einen Blitz geblendet, mit seinen Pferden den Hang zur Unstrut hinunter gestürzt sein soll. Damit hatte sich wohl der Fluch eines alten, kranken Bettlers erfüllt, der einst den reichen, aber hartherzigen Bauern um ein Stück Brot angefleht hatte. Darauf soll jener die Hunde auf ihn gehetzt haben, woraufhin ihn der alte Mann verfluchte: »Dein Geiz soll dich verderben und weder bei Tag noch bei Nacht sollst du Ruhe finden«.

Wo ein heimatverwurzelter Landarzt altmärkische Geschichte bewahrt hat

»Wie heimelt es den Wanderer an, wenn er abends vom Hügel ins Tal herabschaut, in dem die Rauchlinien aus den roten oder noch strohgedeckten Häusern ruhig gen Himmel schlängeln ... Zum Dorf führt der Weg hinab durch zwei dichte Reihen alter Kopfweiden... durchsetzt mit Heckenrosen und Holunder und überwuchert von wildem Hopfen.« – Diese poesievollen Zeilen hat vor gerade einmal 100 Jahren ein Dr. Georg Schulze geschrieben. Im altmärkischen Leetze als Sohn eines Lehrers geboren, hatte er sich 1893 als Landarzt in Diesdorf, 25 Kilometer südwestlich von Salzwedel, niedergelassen. Es war ihm schwer genug gefallen, seine Heimat für das Medizinstudium in Berlin zu verlassen, doch danach hatte es ihn mit Macht in die geliebte Altmark zurückgezogen. Und so spricht aus seinen Worten eine tiefe Heimatverbundenheit, aber zwischen den Zeilen schwingt die Befürchtung mit, dass diese Idylle in Gefahr ist.

Und das zu Recht. Denn er musste mit wachsender Sorge beobachten, wie stark sich mit der zunehmenden Industrialisierung der Alltag der Menschen wandelte und sich ihre Wohn- und Produktionsformen zum Teil einschneidend veränderten. Deshalb beschloss er zu handeln. Er suchte engagierte Mitstreiter, und gemeinsam gründeten sie 1911 einen Wohlfahrtsverein. Sie holten eine typische altmärkische Bauernhofanlage nach Diesdorf und richteten hier ein Bauernhausmuseum ein. Damit legten sie den Grundstein für eines der ältesten volkskundlichen Freilichtmuseen Deutschlands. Mit der Zeit kamen weitere, in der Region vor Abbruch und Verfall gerettete altmärkische Wohnhäuser und Wirtschaftsgebäude hinzu, was besonders Peter Fischer zu verdanken ist. Dieser hat über ein Vierteljahrhundert die Geschicke des Museums geleitet, und es lag ihm besonders am Herzen, die Altmark im Wandel zu zeigen.

Georg Schulze hätte seine Freude daran, könnte er sehen, wie sich das Museum ein Jahrhundert später präsentiert: Mit mehr als 20 liebevoll gepflegten Gebäuden aus dem 17. bis 19. Jahrhundert, Bockwindmühle und Dorfkrug, Bauerngärten und Streuobstwiesen wirkt es nicht nur äußerlich wie ein typisches altmärkisches Dorf, sondern vermittelt auch einen anschaulichen Eindruck vom einstigen dörflichen Leben. Und es hilft mit, Diesdorf zu einem der schönsten Dörfer der Altmark zu machen. Wenn das Museum dann noch zu Osterspaziergang, Handwerkertag, Volkstanz- oder Erntefest und anderen Veranstaltungen einlädt, schnellen die Besucherzahlen regelrecht in die Höhe.

Mit ihren fast schon einmaligen Auenlandschaften von Elbe und Havel gehört die vergleichsweise dünn besiedelte Altmark zu den wenigen naturbelassenen Landschaften Deutschlands. Das macht ihren besonderen Reiz aus, den sie vor allem auf »sanfte« Touristen ausübt. Zum Beispiel auf Radwanderer, die der knapp 500 Kilometer lange Altmark-Rundkurs auch durch Diesdorf führt. Oder auf Freunde des Pferdesports, auf die etwa 1600 Kilometer kartierte Reitrouten warten. Oder auf Archäologie-Interessierte, für die der 7,5 Kilometer lange Hünengrabwanderweg die Großsteingräber um Diesdorf miteinander verbindet und zugleich zu den Sehenswürdigkeiten des Dorfes führt. Wenn auch von den ursprünglich fünf Gräbern nur noch drei erhalten sind, so belegen diese doch immer noch sehr anschaulich, dass die Region schon in der Jungsteinzeit besiedelt war – und bieten Stoff für Sagen und Geschichten.

Diesdorf liegt auch an der Straße der Romanik. Seine Backstein-Klosterkirche, der Bau wurde um 1180 begonnen und 1220/1230 vollendet, ist eine der ältesten Kirchen der Altmark und ein historisch bedeutsames Kleinod. Graf Hermann von Warpke-Lüchow hatte hier 1161 als Missionszentrum für das Wendland das Kloster Marienwerder gegründet, das zum größten und reichsten altmärkischen Landkloster werden sollte. Bemerkenswerterweise war es anfangs sowohl Männer- als auch Frauenkonvent. Doch um 1300 wurde das Mönchskonvent geschlossen, »um die bei Bestehen zweier Konvente beiderlei Geschlechts an einem Ort sich ergebenden Unschicklichkeiten abzustellen«. Der Entwicklung des Klosters zu einem der größten Grundbesitzer hat das jedenfalls nicht geschadet

Nach der Reformation und der Säkularisierung wurde das Kloster in ein weltliches Damenstift umgewandelt, mit einer Domina an der Spitze und sieben adligen und sechs bürgerlichen Stiftsdamen. Ein Domänenamt des brandenburgischen Staates übernahm die Verwaltung der Klostergüter. Weil das Amt Diesdorf zu den größten der Altmark zählte, war es wohl auch möglich, für den keineswegs knapp bemessenen Unterhalt der Stiftsdamen aufzukommen. Man kann nachlesen, was allein die Domina beispielsweise im Jahr 1645 bekam. Da ist unter anderem von einem gemästeten Ochsen, vier Schweinen, vier Kälbern, acht Hammeln mit der Wolle, zwei Lämmern, sechs Gänsen, 45 Hühnern und 150 Pfund Butter die Rede. Zwar erhielten die Stiftsdamen nur ein Viertel so viel, doch da kam insgesamt schon eine beachtliche wirtschaftliche Belastung zusammen, zumal die Naturalien nicht die einzigen Vergünstigungen waren. – Nach dem Tilsiter Frieden wurde auch Diesdorf dem neu geschaffenen französischen Königreich Westphalen einverleibt, und Stift und Domänenamt wurden 1810 aufgelöst.

Vom einstigen Kloster sind neben der Kirche St. Maria und Crucis nur noch Wirtschaftsgebäude und Reste der Klostermauer zu sehen. Die gut erhaltene dreischiffige Basilika mit Querhaus ist außen mit Mauerblenden und Friesen geschmückt. Im Innern besticht sie durch den Kontrast von rotem Backstein und weiß getünchten Wänden. Ein besonderer Schatz aus dem Mittelalter ist das »Heilige Grab«, ein Sarg mit einer geschnitzten Christusfigur, die an den Ostersonntagen hervorgeholt und ausgestellt wurde. Auf dem Grab des Grafen Hermann II. von Lüchow vermittelt eine Ritzzeichnung ein Bild des 1273 Verstorbenen.

Die imposante Wirkung des Kircheninneren geht vor allem vom Kreuzgratgewölbe aus. Diese bereits in der Antike entwickelte und in den römischen Thermen zur Perfektion gebrachte Technik, bei der die Tonnengewölbe einander durchdringen, war im frühen Mittelalter wieder aufgenommen worden. Und durch die optische Querbindung zwischen den Schiffen entsteht eine ganz besondere Raumbeziehung.

Ein Schaukasten verrät, wie man auch ohne Voranmeldung die Kirche besichtigen und sogar in den Genuss einer kleinen Führung kommen kann.

Die »Dürrenberger Schamanin«, Heinrich I. und »Vater Borlach«

In Bad Dürrenberg hat die Saale die Weinberge schon verlassen und beschreibt einen weiten Bogen, um schließlich in nördlicher Richtung nach Merseburg und Halle zu fließen. Bei der kleinen Insel zieht sich in Wassernähe ein ziemlich ungewöhnliches, sehr schmales, aber außerordentlich langes Bauwerk durch die Stadt – und macht Ortsfremde neugierig.

Beim näheren Hinsehen entpuppt sich dieses Bauwerk als eine über zwölf Meter hohe Holzkonstruktion. Mit ihren 636 Metern ist sie das längste zusammenhängende Gradierwerk ganz Europas: das schöne und gesunde Wahrzeichen Bad Dürrenbergs Sie ist auch der Grund dafür, dass man für sich stolz mit dem Slogan »Die Stadt mit dem Salz in der Luft« werben und sich »staatlich anerkannter Erholungsort« nennen kann. So ein Gradierwerk ist schon eine feine Sache. Die mächtige Holzkonstruktion ist nicht nur imposant anzusehen, sondern lädt mit einem Wandelsteg in drei Metern Höhe und ihr beiderseits folgenden Spazierwegen zum Flanieren in gesunder Luft ein. Die Luft ist so salzhaltig, dass sie dem Meeresklima ähnelt und damit nicht nur angenehm ist, sondern auch heilsam bei Bronchitis und anderen Atemwegserkrankungen.

Dabei ist die solehaltige Luft und ihr medizinischer Nutzen eigentlich nur die Nebenwirkung eines Gradierwerkes. Ursprünglich diente eine solche Holzkonstruktion mit eingeschichtetem Schwarzdornreisig der Gewinnung von Salz, das lange Zeit als »weißes Gold« galt und ein äußerst kostbares Gut war.

Da die Sole einen Salzgehalt von höchstens zehn Prozent hatte und somit nicht rentabel verwertet werden konnte, wurde sie aufs Gradierwerk gepumpt, um sich von dort über die große Wandoberfläche fein zu verteilen. Durch Sonne, Wind und trockene Luft verdunstete das Wasser, und Schmutzteilchen und schwerlösliche Salze setzten sich an den Dornen ab, wobei sie ihre Spuren hinterließen, den bizarr anzusehenden Dornstein. Dabei erhöhte sich der Salzgehalt der unten aufgefangenen Lösung und stieg nach mehrmaligen Gradieren auf etwa 20 Prozent. Damit eignete sie sich zum Sieden und wurde in großen Siedewannen eingedampft.

In Dürrenberg konnten zunächst 50 Tonnen Salz täglich hergestellt werden, und weil die Nachfrage nach dem besonders reinen, weißen, leicht löslichen Salz in ganz Europa so groß war, wurde bald eine Erweiterung der Anlagen in Angriff genommen. Erst später, nachdem die Heilwirkung der Sole nachgewiesen worden war, wurden 1846 die ersten Wannen für Solebäder aufgestellt und der Öffentlichkeit zugänglich gemacht. Und so wurde Dürrenberg zum Kur- und Badeort, der sich ab 1935 »Bad Dürrenberg« nennen durfte.

Allerdings wäre diese Entwicklung unvorstellbar gewesen ohne Johann Gottfried Borlach. Der 1687 in Dresden geborene, vielseitig begabte und gut ausgebildete Mann war vom Dresdner Hof 1718 nach Polen entsandt worden, um den Steinsalzbergbau zu reorganisieren. Er löste diese Aufgabe so gut, dass ihn August der Starke wenig später beauftragte, in »Kurfürstentum und Landen Salz und Solequellen zu entblößen«. !741 begann er, in und um Dürrenberg zu schürfen und zu bohren. Allerdings sollte es 22 Jahre dauern, bis man nach vielen Rückschlägen in 223 Metern Tiefe endlich auf die gesuchte Sole stieß. Damit war die Voraussetzung für das größte und bedeutendste Salzwerk des Kurfürstentums gegeben.

Borlach, der damals schon 76 Jahre alt war, begann dann sofort mit dem Bau des Förderturms und des ersten Gradierwerks. Wenig später war auch das erste Siedehaus fertig, und die Salzherstellung konnte beginnen. Hinter dem, was hier so einfach klingt, stand eine technische Meisterleistung, von der man sich heute noch ein Bild machen kann. „Vater Borlach", wie ihn die Salinenarbeiter respekt- und liebevoll nannten, brauchte für die Salzherstellung im wahrsten Sinne des Wortes viel Energie. Also ließ er ein Saalewehr bauen. Über ein Kunstgestänge bewegte ein unterschlächtiges Wasserrad von etwa sieben Metern Durchmesser die Pumpen, die die Sole auf das Gradierwerk beförderten.

Die Siedepfannen wurden mit dem immer knapper werdenden Holz beheizt. Und da kommt ein Mann ins Spiel, dessen bergmännische Verdienste wohl ewig im Schatten seines literarisch-philosophischen Werks stehen werden: Georg Philipp Friedrich von Hardenberg, der unter dem Pseudonym »Novalis« in die Literaturgeschichte einging. Friedrich von Hardenbergs Vater hatte, nachdem er das Amt des Kursächsischen Salinendirektors angetreten hatte, Weißenfels zum Sitz des Salinenamtes gewählt und war 1786 mit seiner Familie dorthin übergesiedelt. Der damals erst 14-jährige Friedrich wurde zunächst vom Vater und von Hauslehrern unterrichtet. Später studierte er in Jena, Leipzig und in Wittenberg, wo er das juristische Staatsexamen ablegte. Anfang 1796 trat er in die Salinendirektion ein. Für seine Tätigkeit als Assessor musste er sich allerdings noch auf dem Gebiet der Geologie und Bergwissenschaft qualifizieren, was er von 1797 bis 1799 an der Bergakademie Freiberg tat. Danach kehrte er nach Weißenfels zurück und bekam den Auftrag, als Ersatz für das Holz die Braunkohlenvorkommen in der Region zu erkunden. Außerdem hat ihn sein Freiberger Professor Werner in die erste umfassende geologische Kartographierung Sachsens einbezogen. Hardenberg hielt sich nachweislich mehrmals in Dürrenberg auf, wo er im Assessorenhaus wohnte.

Nach einer ersten Parkanlage nahm man in Dürrenberg die Schaffung eines großen Kurparks oberhalb der Saale in Angriff, der aufs Schönste die Terrassenanlage mit den Gradierwerken verbinden sollte – und fand dort 1936 bei Erdarbeiten ein eigentümliches Grab: das Skelet einer Frau mit Kind im Schoss, in rote Erde gebettet und mit außerordentlich reichen Grabbeigaben. Eine solche Ausstattung war für eine Frau absolut unüblich. Somit weist dieser in Europa einzigartige Fund auf den ganz besonderen Status dieser Frau hin und legt den Schluss nahe, dass es sich um eine Schamanin gehandelt haben könnte. Dafür sprechen auch beigegebene medizinische Instrumente. Unter dem Namen »Dürrenberger Schamanin« ist das Skelett weltweit berühmt geworden und belegt eine über 8000 Jahre alte Siedlungsgeschichte. Im Kurpark soll eine Tafel an den großartigen Fund erinnern.

Ob sie den Dürrenbergern dafür möglicherweise mit gelegentlichem Beistand gedankt hat?! So war zwar in den Sechziger Jahren des 20. Jahrshunderts die Salzproduktion eingestellt worden und die sich ausbreitende chemische Industrie hatte schließlich zur Schließung des Kurbetriebes geführt, doch seit 2000 sprudelt eine neue Solequelle. Der Kurpark mit Trinkhalle ist saniert. Mit einem Palmen- und Vogelhaus hat er eine weitere Attraktion erhalten, und im Sole-Spa kann man tief in die Sole eintauchen. Eine Reise in die Geschichte erwartet den Besucher nicht nur im Borlach-Museum., sondern auch am letzten Juniwochenende beim Brunnenfest. Da wird mit einem Spektakel vor historischer Kulisse der Soledurchbruch von 1763 gefeiert und »mit tiefer und dankbarer Rührung« an »Vater Borlach« erinnert..

Ein wohl niemals lösbares Rätsel gibt im Kurpark der sogenannte Hunnenstein mit dem legendären Handabdruck von König Heinrich I. auf. Er erinnert an die Schlacht von Riade, in der am 15. März 933 Heinrich I. der bis dahin als unbesiegbar geltenden ungarischen leichten Reiterei eine schwere Niederlage beibrachte. Allerdings ist der genaue Ort der Schlacht nicht bekannt. Doch es gibt historische Quellen, die vermuten lassen, der zentrale Abschnitt des Schlachtfeldes könnte da gelegen haben, wo sich heute der Kurpark befindet. Das Schlachtfeld habe sich möglicherweise vom ehemaligen Golfhaus entlang der Saale und des Persebaches über den Kurpark mit der Vorderschanze und den markierten Hinterschanzenfeldern bis zur Kirche St. Laurentius erstreckt.

Der Schlacht vorausgegangen waren Beutezüge des ungarischen Reitervolkes im Ostfränkischen Reich. Dabei gelang es 926, den ungarischen Fürsten Zoltán gefangen zu nehmen. Für dessen Freilassung handelte Heinrich I. einen neunjährigen Waffenstillstand aus, musste allerdings den Ungarn jährlich Tribut zahlen. Als die ungarischen Gesandten 932 kamen, um den Tribut entgegen zu nehmen, soll er ihnen stattdessen einen toten Hund vor die Füße geschleudert haben. Das bedeutete das Ende des Waffenstillstands, der zur Vorbereitung auf die kommenden Kampfhandlungen genutzt worden war. – Zu Heinrichs Lebzeiten unternahmen die Ungarn keine Raubzüge mehr ins deutsche Gebiet.

Wer Bad Dürrenberg besucht, kann aber auch außerhalb des großen Kurparks viel Zeit gebrauchen – und wenn davon noch ein bisschen übrig bleibt, sei ein Stück Saaletal in Richtung

Weißenfels empfohlen. Am rechten Saaleufer lockt das Weindorf Burgwerben mit seiner romanischen Dorfkirche aus dem 13. Jahrhundert und einem grandios weiten Blick. In dem bereits 880 erstmals urkundlich erwähnten Ort hoch über dem Fluss wird an steilen Hängen seit Ende des 11. Jahrhunderts Wein angebaut. Heute sorgen über 30 Hobby-Winzer dafür, dass diese Tradition nicht ausstirbt.

Wer sich für das andere Saaleufer entscheidet, sollte sich Dehlitz anschauen. Das ebenfalls sehr alte, malerische Dorf liegt direkt an der Saale. Es besitzt ein äußerlich eher unscheinbares Kirchlein. Weil Kirchenschiff und Turm 1973 abgebrochen werden mussten, läuten die Glocken jetzt im Freien. Um so mehr überrascht deshalb die kunsthistorisch äußerst wertvolle und für die Gegend einmalige Innenausstattung aus Sandstein: eine reich geschmückte Kanzel, die aufwändige Fassade der Patronatsloge und das Grabdenkmal für den Rittergutsbesitzer Johann von Wolfersdorff, der die einstige Kapelle zur Kirche umbauen ließ.

Auf der Anhöhe im Grünen versteckt ist die »Kirche ohne Dorf«. Vom ehemaligen Treben, das eine der Wallburgen an der Saale war – hier soll Otto II. 982 sein Lager aufgeschlagen haben, hat nur die nach 1150 erbaute Kirche dem Wüstungsprozess widerstanden, der im 14. Jahrhundert eingesetzt hat. 1555 haben Pfarrer und Vikar Treben als Letzte verlassen. Die geheimnisvollen gewaltigen Steinblöcke waren wohl Grabplatten des südlich gelegenen slawischen Friedhofs.

Alte Brautradition und ein junger Roland

Das Städtchen, in das ich Sie – zunächst in Gedanken – entführen möchte, liegt in der Altmark, keine 50 Kilometer nördlich von Magdeburg. Betrachtet man seine Fläche, so ist es mit nunmehr 33 Ortsteilen sogar die drittgrößte Stadt Deutschlands, hat dabei aber nur knapp 24 000 Einwohner. Und es schmückt sich nicht nur mit dem Beinamen Hansestadt, sondern fügt auch gleich noch den Hinweis auf den Roland und Otto Reutter hinzu. Das allein wäre schon Grund genug, sich in Gardelegen umzuschauen. Doch das Stadtwappen verweist noch auf eine weitere Besonderheit. Es zeigt den halben brandenburgischen Adler mit rotem Gefieder und drei hohe Hopfenranken.

Die Hopfenranken stehen fürs Braugewerbe. Das Bier hat der Stadt einst einen weit über die Altmark reichenden ausgezeichneten Ruf eingebracht und sie damit ziemlich reich gemacht. – Das Schöne ist, dass diese Tradition weiter fortlebt und mit neuen Produkten immer noch für manche angenehme Überraschung sorgt!

Schon das erste Siegel der Stadt, das auf einer Urkunde aus dem Jahre 1309 entdeckt wurde, zeigt fünf Hopfenstangen, die später auf drei reduziert wurden. Also muss das 1196 erstmals urkundlich als »Landstadt« bezeichnete Gardelegen schon damals Hopfen angebaut und verwendet haben. Ganz offiziell wurde das Malzrecht aber erst 1314 verliehen, und zwar durch Markgraf Waldemar. Seitdem heißt das in der Stadt Gebraute »Garlei« (»Gardeleger«) und gilt somit sogar als die älteste Biermarke der Welt, die immer noch genutzt wird.

Chronisten berichten, dass den anfangs unbedeutenden Brauern um das Jahr 1500 eine neue Rezeptur fürs Bier »zugefallen« sei. Damit entstand ein Trunk, der weithin gerühmt wurde, nicht nur berauschend zu wirken, sondern auch die Liebessäfte und Liebeskräfte zu entfachen und außerdem gut lagerfähig zu sein. Dieser Ruf steigerte die Nachfrage enorm, so dass das besondere Bier bald auch nach Holland und Schweden exportiert wurde. Letztlich soll es sogar soweit gekommen sein, dass in Gardelegen fast jede zweite Familie in ihrem Haus einen tiefen Brunnen grub und Braupfannen und Bottiche aufsetzte. Übrigens haben wohl auch die Seefahrer die Garlei sehr geschätzt und genossen. Als gegen Ende des 17. Jahrhunderts der russische Zar Peter der Große in Havelberg weilte, probierte er das Bier, lobte es über alle Maßen – und nahm gleich zwei Brauer mit nach Russland, denn er war der Meinung, noch nie ein so wohlschmeckendes Bier getrunken zu haben.

Doch die Nachfrage nach Bier ging zurück, und so musste man sich in Gardelegen etwas einfallen lassen, um der Verarmung der Stadt entgegenzuwirken. Dazu setzte man aufs Militär. Bier gebraut wurde aber weiter, auch wenn es 1930 schließlich nur noch eine einzige Brauerei gab, die 1972 in einen volkseigenen Betrieb umgewandelt wurde. Nach der Wende haben sich die Eigentumsformen erneut geändert. 2005 wurde schließlich das jetzige Garley-Traditionsbrauhaus gegründet, dessen Biere von der Deutschen Landwirtschaftsgesellschaft wiederholt ausgezeichnet wurden. Das wirklich vorzügliche Bier können Sie auch in Gaststätten der Stadt und des Umlandes genießen.

Direkt neben dem Rathaus steht in strahlend-hellem Sandstein ein stattlicher überlebensgroßer junger Ritter, mit dem Schwert in der rechten und einem Schild in der linken Hand. Dass er dort stehen kann, ist vor allem dem bürgerschaftlichen Engagement zu verdanken, und dass er so frisch wirkt, ist auch kein Zufall. Schließlich steht er erst seit 2002 hier und beendet damit eine lange »rolandlose« Periode in der Geschichte Gardelegens. 275 Jahre hatte die Stadt keinen Roland, nachdem sein marode gewordener Vorgänger umgestürzt war. Der erste

Gardelegener Roland war bereits in der Stadtordnung von 1450 erwähnt worden, als Treffpunkt bei Feueralarm. Offenbar hat jener Roland wie auch sein knapp 100 Jahre später entstandener Nachfolger im Leben der Stadt keine allzu große Rolle gespielt, denn in der zweiten Hälfte des 17. Jahrhunderts musste ein gelehrter Mann darüber nachdenken, was es mit dieser »Statua« eigentlich auf sich hat, und die Bürgerschaft entsprechend aufklären.

Heutzutage wäre das vielleicht einfacher. Zusammen mit einer Renaissance bei der Wiedereinrichtung von Rolandstatuen vor allem in den letzten Jahren hat auch die Rolandforschung eine neue Blüte erreicht. Weitgehend unstrittig ist, dass der zum Kampf bereite Ritter auf das Rolandlied zurückgeht, ein altfränkisches Heldenepos, in dessen Mittelpunkt Markgraf Roland steht. Dieser ist ein Ritter Karl des Großen, für den er in den Kampf zieht und sein Leben opfert und damit das Zeug zum Volkshelden hat. Die einen sehen in der Statue folglich ein Symbol für das Kaiserrecht, für andere verkörpert sie den Stadtfrieden oder die Eigenständigkeit der Stadt, mit Marktrecht und Gerichtsbarkeit. Vermutlich gibt es aber für Ursprung und Bedeutung ohnehin keine eindeutigen und einheitlichen Erklärungen, so dass sie je nach Entstehungszeit und konkreter Situation der Stadt ganz unterschiedlich interpretiert werden können.

In dem Maße wie in ehemaligen Rolandstädten in den letzten Jahren solche Statuen wieder entstanden sind oder noch entstehen, wird nicht nur ein Stück Stadtgeschichte lebendig, sondern wächst auch ein öffentliches Interesse für historische Hintergründe. Der Künstler, der mit der Schaffung des neuen Gardelegener Roland beauftragt wurde, hatte es schon deswegen nicht leicht, weil es außer einer Beschreibung in der Chronik von 1668 nur eine Federzeichnung aus dem 18. Jahrhundert als Vorlage gab, die zudem wenig hilfreich war. Außerdem musste er ein Modell schaffen, nach dem der Roland mit Computer-Unterstützung aus dem Sandsteinblock gefräst werden konnte.

Lust auf die Schönheit der Stadt mit ihren vielen Sehenswürdigkeiten macht am besten ein Rundgang auf dem Grünen Ring um den mittelalterlichen Stadtkern. Dieser ist im 19. und 20. Jahrhundert aus den ehemaligen Befestigungsanlagen entstanden und kürzlich umfangreich saniert und ergänzt worden. Damit hat er sich zu einem Schmückstück gemausert, das seit 2000 zu den 43 schönsten und bedeutendsten Parks Sachsen-Anhalts gehört, die in eine Gartenträume-Route aufgenommen wurden. Besondere Höhepunkte auf dem Weg sind das berühmte Salzwedeler Tor mit Tormühle und Toreinnehmerhäuschen sowie die Gebäude am Holzmarkt, also ehemalige Nikolaikirche, Pfarrhaus und ein altes Schulgebäude – und in den historischen Kern weisen überall Schilder mit genauer Angabe der einzelnen Sehenswürdigkeiten.

Zeit sollten Sie sich auch für den Friedhof nehmen, auf dem ein Grab an einen Mann erinnert, der in Gardelegen 1870 als Otto Pfützenreuter geboren wurde, mit 14 Jahren seine Heimatstadt verließ und später mit seinen im Sprechgesang vorgetragenen komisch-pointierten Versen zum umjubelten Star aufstieg. An den berühmten Otto Reutter erinnert heute in der Fußgängerzone eine Bronzestatue, und die Stelle, wo einst sein Geburtshaus stand, ist mit einer Tafel markiert.

Wo ein reich ausgestatteter Germanenfürst 1700 Jahre unter einer mächtigen Steinschicht in einer Sanddüne ruhte

Es war an einem Spätsommertag des Jahres 1990, als die ehrenamtlichen Bodendenkmalpfleger Wagner und Fricke – anders als damals viele ihrer Mitbürger – in der Natur unterwegs waren, und zwar auf dem Gerstenberg westlich von Gommern. Wie immer bei ihren Touren war der Blick aufmerksam auf den Boden gerichtet. Und plötzlich das: Auf der flachen Düne, nicht weit von der Stelle, wo vor einigen Jahren eine Siedlung der vorrömischen Eisenzeit ausgegraben worden war, zeigte sich eine merkwürdige Ansammlung großer Grauwacke-Steine. Weil an dieser Stelle der Stein aber normalerweise nicht vorkommt, war das ein Achtungszeichen, sich den Boden genauer anzuschauen. Und da schrillten die Alarmglocken, denn der Boden war dunkel verfärbt und barg grünlich leuchtende Metallreste ... Kulturhistorisches Museum Magdeburg und Museum für Vorgeschichte Halle waren schnell informiert. Archäologen führten erste Untersuchungen durch. Und schon Anfang September begannen die vierwöchigen wissenschaftlichen Ausgrabungen ...

Dabei wurde mit modernen archäologischen Methoden planmäßig und sorgfältig erstmals ein »Fürstengrab« der römischen Kaiserzeit in den freien germanischen Gebieten ausgegraben, das sich als einer der schönsten und reichsten Grabfunde ganz Mitteldeutschlands aus germanischer Zeit erweisen sollte. In einer zwei mal drei Meter großen Holzkammer, die von einer zwei Meter mächtigen Steinpackung bedeckt war, lag auf einer hölzernen Liege ein etwa 30-jähriger Mann mit Grabbeigaben römischer und germanischer Herkunft. Diese reichten von bunt bemaltem Prunkschild, goldenen Gewandschließen, Hals- und Fingerring, über Goldmünzen und Gegenstände aus Silber, Bronze, Glas und Holz bis zu einem bronzenem Dreifußtischchen und Resten eines Spielbretts mit dazu gehörigen Steinen.

Der Tote war offensichtlich eine ranghohe Persönlichkeit mit weitreichenden Beziehungen und vor etwa 1700 Jahren bestattet worden. Fast zehn Jahre dauerte es, bis die über 1 000 einzelnen Objekte archäologisch untersucht, konserviert und restauriert waren. Ihre Präsentation erregte dafür europaweit umso mehr Aufmerksamkeit: Denn die Ausstellung »Gold für die Ewigkeit – Das germanische Fürstengrab von Gommern« zeigte eine lebensgroße Rekonstruktion der Grabkammer mit den entsprechenden Ausstellungsstücken einschließlich »Leiche«.

Gommern ist überhaupt ein geschichtsträchtiges Städtchen. Dazu trägt auch die vor gut 1050 Jahren erstmals urkundlich erwähnte Burganlage mit Vor- und Oberburg bei, in der man heute nicht nur übernachten und sich kulinarisch verwöhnen lassen, sondern sogar heiraten kann. Ihr Bergfried, der im Volksmund Zwiebelturm heißt, ist nicht nur das Wahrzeichen der Stadt, sondern auch der Ort, wo die letzte Hexe Sachsens eingesperrt war. Der Hexerei beschuldigt war eine Frau aus Vehlitz, die im Flüsschen Ehle Wäsche gewaschen und zum Bleichen auf dem Rasen ausgelegt hatte. Weil Kinder über die Wäsche liefen, hatte sie mit ihnen geschimpft – das Jüngste aber war bald darauf gestorben. Und die Unglückselige überlebte die Folter nicht.

Die Umgebung von Gommern hat mit vielen Seen und ausgedehnten Wäldern im Süden einen hohen Freizeitwert. Und viel Sand. Die bekannteste Düne liegt direkt am Stadtrand, gewissermaßen als Kulisse für den beliebten Steinbruchbadesee Kulk und vermittelt herrliches Ostsee-Feeling. Die über 100 Meter lange Wanderdüne ist seit 1936 geschützt, stellt aber nur einen kleinen Teil der ausgedehnten Dünenlandschaft dar, die am Rande der Elbaue unmittelbar nach der letzten Eiszeit aufgeweht wurde. Dass sie statt der einstigen 60 Meter nur noch 20 Meter hoch ist zeigt, wie viel Sand »abgewandert« ist – zum Wiederaufbau nach Magdeburg.

Im Unterschied zur Dünenlandschaft sind die vielen Seen Menschenwerk und Ergebnis harter, schweißtreibender Arbeit. Der Reichtum unter der Erde besteht aus Quarzit und Tonschiefer. Gommernquarzit ist ein harter, rund 350 Millionen Jahre alter Quarzit, der in einer mehr als 430 Meter mächtigen Wechsellagerung aus Quarzitbänken und Tonsteinlagen vorkommt und nur von einer dünnen Decke eiszeitlicher Ablagerungen bedeckt ist. Er wurde seit dem 12. Jahrhundert abgebaut, und seine Härte und gute Umweltbeständigkeit haben ihn bereits im Mittelalter zum Baumaterial für bedeutende Kirchenbauten wie die Dome in Magdeburg und Havelberg gemacht. Noch im vorigen Jahrhundert wurde er vor allem für den Straßenbau gebrochen und über die Elbe verschifft.

Das Städtchen hat noch von weiteren unterirdischen Schätzen profitiert. Es wurde ein Werk zur Erkundung von Erdöl- und Erdgas aufgebaut und als auch in der Altmark Erdöl und Erdgas entdeckt wurden, entwickelte sich Gommern zum Zentrum der Erdöl- und Erdgasindustrie in der DDR. An dieses Kapitel örtlicher Industriegeschichte will zum Beispiel die Pferdekopfpumpe am Stadteingang erinnern.

Was Gommern so sympathisch macht, ist seine Art, mit der Vergangenheit öffentlich (und entspannend!) umzugehen Freilich wird aus einem Steinbruch möglicherweise fast von allein ein Badesee, aber aus knapp 30 Steinbruchseen entsteht nicht von allein ein Naherholungsgebiet. Auf dem Bahnhofsplatz steht als technisches Denkmal und Zeugnis der Industrialisierung eine Kleinbahnlok, und das Gelände am Kulk gegenüber der Wanderdüne wurde in einen dekorativen Gesteinsgarten verwandelt, mit über 200 Findlingen aus der ganzen Welt. Im Museum wird die Heimat- und Regionalgeschichte lebendig, und in den Außenanlagen verführen Maschinen und Geräte der Bauern und Steinbrucharbeiter zum Staunen und Anfassen.

Derart vielgestaltige Projekte brauchen neben Ideen auch eine gehörige Zahl von Mitstreitern. Dafür Respekt! Wo aber die Vergangenheit gar nicht mehr zu gebrauchen ist, lässt sich immer noch etwas ganz Neues machen. So geschehen mit der ehemaligen Abdeckerei. Hier wurde die alte Anlage abgerissen, das verseuchte Gelände saniert, viel Sand angeschüttet, eine natürliche Landschaft modelliert und mit 40 000 Heidepflanzen, Stauden und Gehölzen ein großer Heidegarten geschaffen.

Das alles hat Gommern auch über die Region hinaus bekannt gemacht, und zum Gesteins- und Heidegarten ist noch ein Kräutergarten, ein Straßen auf blühende Weise miteinander verbindender Rosengarten und städtisches Grün in Gestalt von Feuchtbiotopen gekommen.

Vom einzigen Roland zu Pferde, der sich sogar drehen konnte

Vielleicht wären Sie auch gern dabei gewesen?! Die vier Rottmeister der Stadt und 20 »handfeste Bürger« hatten sich auf dem Marktplatz versammelt, um die wohl wichtigste Vorbereitung für die Ankunft von König Friedrich Wilhelm I. und dem Kronprinzen zu treffen, der später als Friedrich der Große in die Geschichte einging. Beide waren eigentlich nur auf der Durchreise, und zwar auf dem Weg nach Salzdahlum, dem Lustschloss zwischen Braunschweig und Wolfenbüttel. Dort sollte die Hochzeit des Kronprinzen mit Elisabeth Christine, der Tochter von Herzog Ferdinand Albrecht II von Braunschweig, stattfinden. Die wackeren Bürger hatten die Aufgabe, den Roland auf dem Marktplatz so zu drehen, dass er zunächst in Richtung Norden und damit dem hohen Besuch entgegen blickte und ihm anschließend zum Geleit nachschauen konnte. Das war nur deshalb in kurzer Zeit zu bewerkstelligen, weil der Roland im Schnittpunkt der beiden Hauptverkehrsachsen der Stadt stand und außerdem, ähnlich wie eine Bockwindmühle, drehbar war.

Das alles ist freilich lange her. Es passierte genau am 11. Juni 1733, und Schauplatz des Geschehens war die Stadt Neuhaldensleben, die sich schon damals rühmen konnte, einen ganz besonderen Roland zu besitzen. Es war nicht nur weltweit der einzige reitende Roland, der sich noch dazu drehen ließ, sondern auch einer, der nur Mannesgröße besaß und damit deutlich kleiner war als seine Brüder in anderen Rolandstädten.

Dabei war der Roland, der 1733 letztmalig in Aktion gesetzt wurde, bereits der zweite in der Geschichte der Kaufmannssiedlung. Um 1170 von Heinrich dem Löwen angelegt und schon bald vom Magdeburger Erzbischof Wichmann zerstört, war der Ort ab 1223 von den Bürgern wieder aufgebaut worden. Der erste Roland wurde schon 1419 in den Stadtbüchern erwähnt, und reichlich 100 Jahre später ließ ihn die Stadt erneuern. Jener Roland war es auch, der 1733 den königlichen Durchreisenden zugewandt worden war und der Ende des 18. Jahrhunderts rekonstruiert und unmittelbar vor den Rathauseingang versetzt wurde. Mit dieser neuen Position verlor allerdings die Drehbarkeit ihren Sinn.

Die Besonderheiten des Haldensleber Rolands haben schon immer eine Reihe von Fragen aufgeworfen, die in der städtischen Geschichtsschreibung und in der Rolandforschung höchst unterschiedliche Antworten fanden und mitunter einfach ignoriert wurden: Wie kommt es, dass nur hier der Roland auf einem Pferd sitzt? Warum ist nur er drehbar? Wieso hat er im Vergleich zu seinen großen Brüdern anderswo menschliche Maße und individuelle Gesichtszüge?

Jüngste Forschungen lassen manche bisherige Antwort in einem anderen Licht erscheinen und werfen gleichzeitig neue Fragen auf. Unstrittig scheint, dass der hiesige Roland den gestalterischen Höhepunkt in der Entwicklung der Rolandstandbilder darstellt. Mit seinem ursprünglichem Standort und der Drehbarkeit scheint er die Idee des legendären Ritters konsequent umzusetzen, der Karl dem Großen sehr nahe stand und für diesen im heroischen Kampf den Tod auf dem Schlachtfeld fand. Um den Roland vor weiterem Verfall zu bewahren, wurde er schließlich 1927 ins Museum gebracht, und auf dem Markt fand ein neues Reiterstandbild seinen Platz.

Wenn Sie das nur wenige Minuten vom Markt entfernte Museum betreten, werden Sie eine Überraschung erleben, die Sie im ersten Moment sprachlos machen könnte. Dort erwartet Sie der alte Roland nämlich schon in der Eingangshalle, und zwar in einer Umgebung, wie er sie in seinen jungen Jahren in der Stadt ganz ähnlich gesehen haben mag, inmitten reich verzierter Fachwerkbrüstungen der Renaissance. Dieses würdige Ambiente verblüfft um so mehr, weil es sich in einem äußerlich eher schlichten klassizistischen Putzbau findet, der eigentlich als Schule gedacht war. Hier kann man beispielsweise auch den Geheimnissen des mysteriösen Roland-Sockels nachspüren und vieles andere erfahren.

Überhaupt birgt das Museum eine derartige Fülle sehr unterschiedlicher Schätze, dass es sich lohnt, für den Besuch viel Zeit einzuplanen oder noch einmal wiederzukommen. Das betrifft beispielsweise die höchst anschaulich dargestellte Stadtgeschichte oder auch Persönlichkeiten, die die städtische Entwicklung nachhaltig geprägt haben wie Nathusius oder Uffrecht. Für einen Schatz muss man das Hauptgebäude sogar verlassen. Dahinter liegt nämlich ein kleines Freilichtmuseum des biedermeierzeitlichen Stadtlebens mit Blumengärtchen und Hühnerhof. In zwei Fachwerkhäusern haben Schauwerkstätten ihre Heimstatt gefunden.

All das macht Lust auf einen Rundgang durch den immer noch von einer Stadtmauer mit Toren umschlossenen historischen Stadtkern. Wenn Sie dabei dem in die Gehwege eingelassenen Stadtmaskottchen Rolli folgen, werden Sie auf weitere interessante Ausstellungen und Sammlungen stoßen – und von Menschen erfahren, die sich mit Leidenschaft der Geschichte ihrer Stadt widmen und andere gern an den Früchten ihres Hobbys teilhaben lassen.

Von der Altstadt ist es nicht weit zum Mittellandkanal, der seit 1938 in Betrieb ist. Jenes Jahr ist auch deswegen bemerkenswert, weil es das eigentliche Geburtsjahr von Haldensleben ist: Damals wurde nämlich Neuhaldensleben mit dem am anderen Ufer liegenden Althaldensleben zu einem Ort zusammengelegt. In Althaldensleben, das wohl 966 als Burgwardsiedlung erstmals urkundlich erwähnt wurde, gab es seit 1228 ein Zisterzienserkloster. Dieses wurde 1810 an den schon erwähnten Nathusius verkauft, der sich große Verdienste um die Industrialisierung der Region erwarb und im folgenden Jahr auch das hoch verschuldete Schloss Hundisburg kaufte, wo er mit seinen Söhnen bleibende Spuren hinterlassen hat.

Hundisburg ist unbedingt sehenswert und lädt zum längeren Verweilen ein. Es lässt sich von Althaldensleben gut durch den Park oder vom Haldensleber Stadtkern über den Aller-Elbe-Radweg erreichen. Im 1994 eingemeindeten Ortsteil erwartet den Besucher inmitten eines schönen Barockgartens, der in einen riesigen Landschaftspark übergeht, eines der bedeutendsten ländlichen Barockschlösser Sachsen-Anhalts. Reichlich Zeit sollte man auch für Schulmuseum, Alte Ziegelei und die Kirchenruine Nordhusen einplanen.

Eine besondere Attraktion liegt südlich und westlich von Haldensleben. In einem geschlossenen Waldgebiet gewissermaßen versteckt, aber durch Wege erschlossen, befindet sich das größte Großsteingräberfeld Mitteleuropas, die Historische Quadratmeile. Einige der über 80 mehr oder weniger gut erhaltenen, sagenumwobenen Gräber verhalfen den Archäologen nicht nur zu Einblicken in die Bestattungskultur der jungsteinzeitlichen Siedler, sondern auch in deren Alltag. Doch heute wird die Sicherung und Erhaltung der Gräber immer mehr zu einer großen Herausforderung. Dem Königsgrab beispielsweise, dem größten und eindrucksvollsten Grab der Historischen Quadratmeile, ist die Abbaukante eines Steinbruchs schon bedrohlich nahe gekommen. – Ganz ungewöhnliche Einblicke in die Menschheitsgeschichte verspricht ein 40 Kilometer langer Rundkurs um die Stadt. Dabei steht ein Streckenkilometer für 100 000 Jahre Geschichte, mit Erläuterungen am Wegesrand und lebensgroßen Holzfiguren.

Obwohl sie niemals in Haldensleben gewesen sind, haben selbst die Brüder Grimm in der geschichtsträchtigen Rolandstadt eine Heimstatt gefunden. Warum kann sich ausgerechnet das Halbensleber Museum rühmen, einen Teil ihres Nachlasses zu beherbergen? Eine überraschende Antwort auf diese Frage gibt das Grimm-Zimmer, das damit eine weitere spannende Facette der überaus reichen Stadtgeschichte gekonnt ins Bild setzt.

Prinzessin Ilse hätte ihre Freude daran

Das Städtchen Ilsenburg rühmt sich, den »schönsten Weg zum Brocken« zu besitzen. Es hat dafür in etwa die Route markiert, auf der Heinrich Heine 1824 vom Brocken abgestiegen ist und in seiner Harzreise unvergesslich gemacht hat. Mit dem Goetheweg, dem Aufstieg, den der berühmteste Harzbesucher an einem verschneiten Dezembertag des Jahres 1777 vom niedersächsischen Torfhaus genommen hat, steht der Heinrich-Heine-Weg freilich nicht in Konkurrenz. Beide sind so grundverschieden, wie Aufstiege auf den rauen, von Sagen umwobenen höchsten Berg Norddeutschlands nur sein können – und sie sind bei weitem nicht die einzigen! Und doch meinen viele Harzbesucher, der Weg von Ilsenburg sei der landschaftlich schönste, auf jeden Fall aber der romantischste. Ob das wohl am Flüsschen Ilse liegt?

Die Ilse ist ein »echtes Brockenkind« und rauscht großteils mit starkem Gefälle und Stromschnellen über zahlreiche bemooste Felsen ins Tal. Heine war tief beeindruckt von der Fröhlichkeit, Naivität und Anmut, mit der sich die Ilse über die abenteuerlich geformten Felsbrocken stürzt, so dass »das Wasser hier wild emporzischt oder schäumend überläuft, dort aus allerlei Steinspalten, wie aus vollen Gießkannen, in reinen Bögen sich ergießt und unten wieder über die kleinen Steine hintrippelt, wie ein munteres Mädchen. Ja, die Sage ist wahr, die Ilse ist eine Prinzessin, die lachend und blühend den Berg hinabläuft.«

Und der Ilsestein ist der Ort, wo die Prinzessin wohnen soll. Hierher hatte sich Ilse mit dem Jüngling, den sie schon lange liebte, bei einer verheerenden Sturmflut geflüchtet. Sie standen auf dem mächtigen Felsen und hielten sich an den Händen.

Doch dann zerbarst dieser. Die Liebenden wurden auseinander gerissen, stürzten hinunter und wurden von den Fluten verschlungen. – Auch Heinrich Heine wäre der Ilsestein beinahe zum Verhängnis geworden. Als er dort oben stand, hörte er die unterirdische Musik eines Zauberschlosses, sah, wie sich die Berge ringsum auf die Köpfe stellten und die Ziegeldächer von Ilsenburg zu tanzen anfingen – und wäre in den Abgrund gestürzt, hätte er sich nicht am eisernen Kreuz festgeklammert.

Seine magische Wirkung auf den Wanderer hat der Ilsestein bis heute nicht eingebüßt. Der Granitkoloss könnte Teil eines gewaltigen Felsentores gewesen sein. Er ragt 150 Meter steil auf und trägt die Reste einer 1 000 Jahre alten Felsenburg. Diese war einst für die kaiserliche Mannschaft errichtet worden, die die Jagdpfalz im Tal verlassen musste, weil dort ein Kloster gegründet werden sollte. Warum wohl am Ilsestein die Kompassnadel ausschlägt?

Auch die Gründung der Siedlung geht auf das Kloster zurück. Durch eine Schenkung von Heinrich II. war die 995 erstmals urkundlich erwähnte Jagdpfalz »Elysynaburg« 1003 an den Bischof von Halberstadt gefallen, der hier ein Benediktinerkloster einrichtete. Da die Schenkung auch Hofstellen, Mühlen, landwirtschaftlich genutzte Flächen und »Hörige beiderlei Geschlechts« umfasste, mussten sich die Bewohner benachbarter kleiner Siedlungen in Klosternähe ansiedeln.

Die Klosteranlage gehörte bald zu den angesehensten und einflussreichsten im nördlichen Harz. Dabei ist der in Ilsenburg entwickelte Baustil eine Sonderform des Hirsauer Bauschemas und verleiht dem Kloster europäische Bedeutung. Sein romanisches Kleinod ist die ab 1078 errichtete Klosterkirche St. Peter und Paul. Seit 1992 befindet sie sich im Eigentum der Stadt, die in Zusammenarbeit mit dem Denkmalschutz viel getan hat, um dieses Juwel zu sanieren und der Öffentlichkeit wieder zugänglich zu machen. Heute ist St. Peter und Paul mit dem vor nicht einmal 100 Jahren wiederentdeckten, einzigartig geschmückten Gipsestrichfußboden, dem großartigen Hochaltar aus Lindenholz und der Kanzel mit Jesusstütze ein Museum, in dem man sich nicht nur umschauen, sondern auch Konzerte erleben und sogar heiraten kann.

Als weitaus schwieriger und wechselvoller hat sich allerdings das Schicksal des Südflügels des Klosters mit dem unterkellerten Speisesaal der Mönche und des Ostflügels mit Kapitelsaal und Schlafsaal sowie des Schlosses erwiesen, das auf dem Klostergelände als herrschaftlicher Wohnsitz eingerichtet worden war. Seit dem Mittelalter befand sich das Kloster unter der Herrschaft der Grafen zu Stolberg-Wernigerode. Sein heutiges Aussehen erhielt das Schloss in der zweiten Hälfte des 19. Jahrhunderts, als Fürst Otto die Gebäude an der West- und Nordseite der einstigen Klosteranlage für seinen von den Ilsenburgern hoch geschätzten Onkel Botho umbauen ließ. Jener hatte dafür eigenhändig Entwürfe und Zeichnungen gemacht, sich aber auch um die Instandsetzung der Klostergebäude und die Geschichte der Region gekümmert. Noch bis 1929, als durch die Weltwirtschaftskrise das fürstliche Besitzvermögen zusammenbrach, war das Schloss von Mitgliedern der Familie bewohnt.

Danach war es mit Unterbrechungen im Besitz der Evangelischen Kirche, bis seine Geschichte als DDR-Prestigeobjekt begann. Nach der Wende wollte das Deutsche Jugendwerk im Schloss eine internationale Begegnungsstätte einrichten. Doch der Stadtrat entschied sich mehrheitlich gegen die dafür erforderliche Übernahme von Kloster und Schloss, und nach einem glücklosen Intermezzo als Hotel kam es 2005 zur Versteigerung. Neuer Eigentümer wurde die private Stiftung Kloster Ilsenburg, deren Vorsitz inzwischen Philipp Fürst zu Stollberg-Wernigerode innehat. Erklärtes Ziel ist es, das Kloster mit seinen Außenanlagen zu sanieren, zu unterhalten und für die Öffentlichkeit zu öffnen. Vom Fortgang der aufwändigen Restaurierungsarbeiten und ihren komplizierten Bedingungen kann man sich vor Ort selbst ein Bild machen.

Ilsenburg ist ein malerisches Städtchen mit idyllischem Park, mehreren Teichen und hübschen Fachwerkhäusern. Bemerkenswert sind auch die vielen mit Holz verkleideten Gebäude, bei denen die senkrecht angebrachten Bretter durch ihre Farben und ornamental ausgesägte Enden auffallen. Die reiche historische Bausubstanz ist vor allem Dr. Thilo Blick zu verdanken. Dem Lazarettarzt gelang es am 11. April 1945 unter Einsatz seines Lebens, die befohlene Verteidigung der Stadt zu verhindern und damit Ilsenburg vor der Zerstörung durch die Amerikaner zu bewahren.

Wenn Sie tiefer in die Geschichte eintauchen möchten, so sei das Hütten- und Technikmuseum empfohlen, das über die Entwicklung der Ortes und der Hüttenindustrie informiert, die viele Jahrhunderte das Bild der Stadt prägte. Die Fürst-Stolberg-Hütte lädt täglich zum Schaugießen ein. Sie ist eine der ältesten Eisengießereien Europas und hat sich inzwischen auf die Restauration historischer Kunstgussarbeiten spezialisiert. Und falls Sie Lust haben, sich einmal richtig zu gruseln, sollten Sie nach »Eisenkarl« fragen. Aus 28 Ländern hat das Ilsenburger Original bisher 650 Äxte und Beile zusammengetragen. Sein schwerstes Stück ist mit acht Kilo ein Schlachterbeil aus

Mexiko und sein Furcht erregendstes ein Scharfrichterbeil aus Frankreich

Das auf dem Klosterwanderweg nach drei Kilometern erreichte Drübeck gehört auch zu Ilsenburg. Die weithin sichtbare romanische Klosterkirche St. Vitus wurde wohl noch früher als St. Peter und Paul errichtet. Die urkundliche Ersterwähnung des Nonnenklosters weist jedenfalls auf das Jahr 960, als Otto I. dem Kloster Drübeck Land schenkte. Als das Kloster im Zuge der Reformation säkularisiert wurde, wurde es den Grafen zu Stolberg-Wernigerode übereignet, die nach umfangreichen Sanierungsarbeiten ein Damenstift einrichteten. Durch eine Stiftsreform sorgte dessen bedeutendste Äbtissin, die Freiin von Welck, für eine Ausweitung der Aufgaben auf Bereiche wie Erziehung, Bildung und Gesundheitswesen, und bis 1991 bestand hier ein Erholungsheim. Heute ist Drübeck ein evangelisches Zentrum mit Tagungsstätte, Übernachtungsmöglichkeiten und viel Raum für Begegnung, Besinnung und Gartengenuss – und gehört zu den schönsten Parks und Gartenanlagen Sachsen-Anhalts.

Martin Luther, drei heilige Frauen und ein junger Arbeitersportler

Am Ostrand des Harzes liegt Eisleben, eine sehr alte Stadt, die schon weit über 1 000 Jahre das Markt-, Münz- und Zollrecht besitzt.

Eisleben ist gleich in mehrfacher Hinsicht in die Geschichte eingegangen. Seine wirtschaftliche Bedeutung hat es vor allem durch den Jahrhunderte langen Kupferbergbau erlangt und durch die von guten Böden begünstigte Landwirtschaft. Seinen weltweiten Ruf aber verdankt es einem Mann, der am 10. November 1483 hier geboren und am 18. Februar 1546 auch hier gestorben ist: Martin Luther.

Luthers Geburtshaus und sein Sterbehaus gehören seit 1996 zum UNESCO-Weltkulturerbe. Und inzwischen kann der Besucher auf einem Lutherweg die Stätten erkunden, die an den großen Reformator erinnern, und sich in den beiden Museen anschaulich mit der Geschichte beschäftigen.

Am östlichen Ortsausgang der Lutherstadt ist indes ein Kleinod wiedererstanden, das im 13. Jahrhundert in dem Ruf stand, die »Krone der deutschen Frauenklöster« zu sein, das Zisterzienserinnenkloster St. Marien in Helfta. Eigentlich war das Kloster 1229 in der Nähe von Mansfeld gegründet worden. Wassermangel war aber der Grund, weswegen es schon 30 Jahre später nach Helfta verlegt wurde. Und bereits 1342 wurde es verwüstet, durch Albrecht von Braunschweig-Lüneburg, Bischof von Halberstadt, dessen Amtsführung durch Zerwürfnisse, Zwistigkeiten und Fehden geprägt war.

Wodurch war es dem Kloster aber gelungen, in einer so kurzen Zeitspanne einen derart exzellenten Ruf zu erwerben? Dazu sollte man wissen, dass es drei Frauen waren, die das

Kloster berühmt gemacht haben. Was sie im 13. Jahrhundert in Helfta geleistet haben, hat ihre Zeit überdauert, und so ziehen noch heute ihre Namen und ihr geistiges Werk Menschen aus der ganzen Welt an. Diese finden in dem zwischen Süßem See und Eisleben erst jüngst wiedererrichteten Kloster einen Ort, der zur Stille, Besinnung und aktiven Erinnerung einlädt. Ganz im Sinne der drei heiligen Frauen, die in einem stilisierten Boot auf dem Teich stehen.

Die drei Frauen waren Mechthild von Magdeburg, Mechthild von Hakeborn und Gertrud von Helfta. Alle waren sie hochgebildet, und in Helfta sind sie ein wichtiges Stück ihres Lebens gemeinsam gegangen. Durch sie wurde das Kloster zu einem Zentrum der deutschen Frauenmystik. In ihren Visionen soll jede von ihnen dem lebendigen Gott begegnet sein. Ihre mit großer Intensität niedergeschriebenen mystischen Erfahrungen erregten zu einer Zeit, in der die Stimmen von Frauen in der Kirche wie in der Gesellschaft wenig Gehör gefunden haben, besonders großes Aufsehen.

Zwei von ihnen, Mechthild von Hakeborn und Gertrud von Helfta, sind schon als Kinder ins Kloster gegangen. Mechthild soll das mit Sieben getan haben und später zu ihrer Schwester, der Äbtissin Gertrud von Hakeborn, nach Helfta gekommen sein. Von Gertrud von Helfta wird berichtet, dass sie als Waisenkind sogar schon mit Fünf ins Kloster gekommen ist. Einzig Mechthild von Magdeburg kam im hohen Alter nach Helfta. Die auf einer Burg Geborene hatte sich mit Zwanzig der Armutsbewegung angeschlossen und 40 Jahre lang einen bemerkenswerten Platz in der Magdeburger Stadtgeschichte eingenommen. Sie hatte es gewagt, über theologische Inhalte nicht in Latein zu schreiben, sondern auf Niederdeutsch, was die Sprache des Volkes und der Armut war – und wurde schon allein deshalb zum Stein des Anstoßes.

Im 14. Jahrhundert lebten etwa 200 Nonnen in Helfta. Die drei heiligen Frauen waren schon mehrere Jahrzehnte tot, als Albrecht von Braunschweig-Lüneburg das Kloster verwüstete. Im Jahr darauf wurde es in die Stadt Eisleben verlegt. Weil die Helftaer Werke um 1500 in Sachsen gedruckt wurden, sind auch Einflüsse auf Martin Luther und Katharina von Bora denkbar. Da aber das Kloster in Eisleben während des Bauernkrieges zerstört worden war, kehrten einige Nonnen mit ihrer Äbtissin 1529 nach Helfta zurück. Mit der Reformation in Eisleben im Jahre 1542 fand durch die Säkularisierung auch die Geschichte des Klosters ihr Ende. Es wurde eine preußische Staatsdomäne und nach dem Zweiten Weltkrieg Volkseigenes Gut.

Dass das Gut den Namen »Walter Schneider« bekam, ist einem gänzlich anderen Teil Eisleber Geschichte geschuldet, dem Eisleber Blutsonntag. Rechtlosigkeit und nur schwer erträgliche Arbeitsbedingungen hatten das Leben der Bergleute über die Jahrhunderte bestimmt und sie immer wieder gegen ihre Herren aufbegehren lassen. Dabei hatten sie oft genug gezeigt, wie ernst es ihnen damit war und zu welchen Opfern sie bereit waren.

In der Zeit der Weimarer Republik war Eisleben eine Hochburg der KPD, die bei den Wahlen zum Reichstag ab 1924 stets überdurchschnittliche Stimmenanteile erzielte. Einen Tag vor Hitlers Ernennung zum Reichskanzler, am 29. Januar 1933, fand in der Stadt unter dem Motto »Kämpft mit uns in der Einheitsfront gegen den Faschismus« eine KPD-Kundgebung mit 1500 Teilnehmern statt. Zwei Wochen später kam es zum Blutsonntag: 600 Mitglieder von SA und SS marschierten durch Eisleben und stürmten das von der KPD genutzte »Klassenkampfgebäude« und die Turnhalle eines Arbeitersportvereins. Sie schossen auf die Anwesenden und schlugen mit Feldspaten auf sie ein. Dabei wurden mehr als 20 Menschen schwer verletzt, von denen vier ihren Verletzungen erlagen. Einer von ihnen war der Arbeitersportler und Bergmann Walter Schneider aus der Grabenstraße. Nicht einmal 30-jährig starb er zwei Tage später im städtischen Krankenhaus.

Um die Erinnerung an den Blutsonntag wach zu halten, gab man später dem Volkseigenen Gut Saatzucht Walter Schneiders Namen, und auch heute noch wird an den Ruhestätten der Getöteten am 12. Februar der Opfer des brutalen Überfalls gedacht.

Mit dem Ende der DDR war auch das Ende des Gutes besiegelt. Doch oft wohnt im Ende schon ein Neuanfang! Dass damit an einen längst vergessen geglaubten, relativ kurzen Teil der Geschichte des Areals wieder angeknüpft werden könnte, hätten wohl nur die Wenigsten gedacht. Aus mehreren Förderkreisen entstand der Verband der Freunde des Klosters Helfta. Mit Spendenmitteln erwarb das Bistum Magdeburg von der Treuhand das Klosterareal, und Ende 1998 begann offiziell der Wiederaufbau des Klosters. Es dauerte kaum ein Jahr, da zogen wieder Zisterzienserinnen in Helfta ein. Schon bald darauf wurde im Kloster auch ein Bildungs- und Exerzitienhaus eingeweiht. Es entstanden ein Hotel, ein Alters- und Pflegeheim.

»War ein Stück von Goethe oder Schiller angekündigt, so begann sofort eine wahre Völkerwanderung«

»Von mir kann ich weiter nichts sagen, als dass ich itzo sehr lustig bin und immer noch so gern als sonst tanze.« Und weil die Frau ihre Schuhe inzwischen durchgetanzt hatte, musste sie in die Allee gehen und sich neue kaufen.

Die Frau, die vor rund 200 Jahren diese Zeilen nach Hause schrieb, war sichtlich glücklich. Neben dem Tanzsaal genoss sie auch das Bad im heilsamen Mineralwasser. Und der Mann, dem sie dies schrieb, freute sich, dass sie sich wohlfühlte. Schließlich tat sie das gewissermaßen auch für ihn. Sie informierte ihn nämlich auch über die Theateraufführungen, über die Arbeit der Truppe, über Probleme und Sorgen, Intrigen und andere Vorkommnisse. Wie dankbar er für diese Hilfe war, zeigt ein Brief aus dem Jahre 1808: »Du tust wohl, in Lauchstädt zu bleiben, und mir geschieht eine große Liebe. Denn ohne Dich, weißt Du wohl, könnte und möchte ich das Theaterwesen nicht weiterführen. Wenn wir wieder zusammenkommen, machst Du mich mit den Ereignissen des Sommers bekannt.«

Dieser Mann war kein Geringerer als Johann Wolfgang von Goethe, der den Kurbetrieb wie das kulturelle Leben im zwischen Halle und Merseburg gelegenen Städtchen selbst sehr schätzte. Dort war Anfang des 18. Jahrhunderts ein Heilwasser entdeckt worden und weil der Dresdner Hof ab 1775 mehrmals im Sommer hier residierte, waren Schloss und Park neu gestaltet worden. Das »Sächsische Pyrmont« war zu einem Luxus- und Modebad nicht nur des mitteldeutschen Adels aufgestiegen. Nach Lauchstädt kamen auch Vertreter des wohlhabenden Bürgertums, kamen Dichter wie Gellert, Gottsched und Gleim und immer häufiger auch Studenten aus dem benachbarten Halle. Das hatte seinen Grund nicht zuletzt darin, dass es hier seit 1761 Theateraufführungen gab – in Halle aber ein Theaterverbot herrschte. Das Publikum war begeistert und amüsierte sich großartig, auch wenn die Aufführungen in Räumlichkeiten stattfanden, die mit einem richtigen Theater nur wenig gemein hatten.

Als Goethe 1791 von Carl August von Sachsen-Weimar mit der Leitung des »Herzoglich Weimarer Hoftheaters« beauftragt wurde, folgte der ersten Vorstellung in Weimar schon wenige Wochen darauf eine erste Vorstellung in Lauchstädt. Das Lauchstädter Sommertheater war dank seines begeisterten – und zahlungskräftigen Publikums bald sogar in der Lage, die Weimarer Aufführungen mitzufinanzieren. 40 Aufführungen in Lauchstädt brachten so viel ein wie 100 Aufführungen in Weimar! Die Besucher wussten es zu schätzen, dass sie nicht nur Aufführungen der Klassiker erleben, sondern dabei auch Schiller und Goethe persönlich begegnen konnten. Joseph von Eichendorff beschrieb die Stimmung später so: »War ... ein Stück von Goethe oder Schiller angekündigt, so begann sofort eine wahre Völkerwanderung zu Pferde, zu Fuß oder in einspännigen Cabrioletts ... In Lauchstädt selbst aber konnte man, wenn es sich glücklich fügte, Goethe und Schiller oft leibhaftig erblicken, als ob die olympischen Götter wieder unter den Sterblichen umherwandelten.«

Da war einzig die höchst bescheidene Aufführungsstätte ein ziemlich bitterer Wermutstropfen. Und so gab der Dresdner Hof nach längerem Zögern schließlich seine Zustimmung zu einem Neubau. Dieser trug nicht nur in vielerlei Hinsicht Goethes Handschrift, sondern war auch zu einem Sechstel von Goethe bezahlt worden, weil Theaterkasse und Subventionen für die Baukosten von 9 000 Talern nicht ausreichten. Dabei wurde gespart, wo es nur ging, was allerdings weder das äußere Erscheinungsbild noch die Funktionstüchtigkeit beeinträchtigte. Die Bühne bekam die gleichen Abmessungen wie die des

Weimarer Theaters, so dass die Dekorationen genutzt werden konnten, und die Bühnentechnik tut auch nach reichlich zwei Jahrhunderten noch immer ihren Dienst.

Feierlich eröffnet wurde das neue Theater nach nur zwölfwöchiger Bauzeit am 26. Juni 1802, und zwar mit Mozarts Oper »Titus« und dem von Goethe erst kurz zuvor in Jena geschriebenen Vorspiel »Was wir bringen«. Er hatte es mit den Schauspielern inmitten der mit Hochdruck an der Fertigstellung arbeitenden Handwerker einstudiert. Allerdings hatten nur 672 Gäste das Glück, das Ereignis im Theater mitzuerleben. Den Riesenandrang vor dem Gebäude versuchten sächsische Dragoner mit gezogenem Säbel zu zügeln.

Auch wenn das Weimarer Theater bis 1811 regelmäßig in Lauchstädt spielte, war Goethe doch 1805 zum letzten Mal persönlich dort. Er vertraute auf das, was ihm Christiane Vulpius berichtete. Diese kam häufig und genoss die entspannte Atmosphäre sichtbar. Das lag auch daran, dass sie als Goethes langjährige Geliebte einen äußerst schwierigen Stand in der feinen Weimarer Gesellschaft hatte. In Lauchstädt hingegen konnte die selbstbewusste und couragierte Frau aufatmen und unbeschwert entspannen. Wie couragiert sie war, gab sie beispielsweise zu erkennen, als nach der Schlacht bei Jena und Auerstedt die Franzosen in Weimar einmarschierten und auch ins Haus am Frauenplan eindrangen. Christiane stellte die Soldaten zunächst durch reichliche Bewirtung ruhig. Als diese jedoch auch in Goethes Schlafzimmer eindrangen, vertrieb sie die Plünderer kurzerhand und rettete damit vermutlich sein Leben. Ob ihn das letztlich bewogen hat, Christiane nach 18 Jahren »wilder Ehe« nur wenige Tage später zu heiraten?

Bis 1814 spielte die Weimarer Theatertruppe noch gelegentlich in Lauchstädt. Nach dem Wiener Kongress fiel Lauchstädt an Preußen und der Theaterbesitz wurde für Weimar zur Last. Deshalb erwog Herzog Carl August sogar, das Theater abbrechen und aus dem Material beim Gestüt Allstedt eine Reithalle bauen zu lassen. 1818 kaufte schließlich der preußische Staat das Theater. Doch das Gebäude war marode und verfiel zusehends. Als es die preußische Regierung abreißen lassen wollte, regte sich deutschlandweiter Protest. Schließlich übernahm ein Hallenser Bankier die Kosten für die Wiederherstellung. Den Zweiten Weltkrieg überstand das Theater unversehrt und wurde bald wieder bespielt – und von 1966 bis 1968 wurden Theater und Kurpark umfassend saniert.

Inzwischen hat das historische Kleinod längst seinen einstigen Platz im geistigen und kulturellen Leben der Region wiedererlangt und zieht auch von weit her immer mehr Gäste an. Es lockt mit Theatersommer und Konzertwinter und Führungen durch Theater, Kurpark und faszinierenden Ausstellungsräumen. Ein unvergleichliches Spektakel ist das Brunnenfest am dritten Wochenende im August. Es versetzt die Besucher in die Blütezeit von Bad Lauchstädt zurück. Und vielleicht begegnen Ihnen dabei nicht nur Goethe und Schiller und andere bedeutende Zeitgenossen, sondern auch die glückliche Christiane Vulpius. Was diese illustre Gesellschaft allerdings wohl gesagt hätte, wenn man ihr eröffnet hätte, dass die Goethestadt dereinst sogar ein Stück echten Strand ihr eigen nennen kann? Und zwar einen Strand nicht an irgendeinem Gewässer, sondern am größten künstlich geschaffenen See Deutschlands, dem Geiseltalsee?

Von Röcken und Poserna hinaus in die Welt (und zurück?)

Auf den ersten Blick meint man, die zwei Männer könnten gegensätzlicher kaum sein! Und doch gibt es trotz aller Unterschiede Gemeinsamkeiten zwischen dem Philosophen Friedrich Nietzsche und dem Schriftsteller Johann Gottfried Seume.

Wer zwischen Leipzig und Weißenfels unterwegs ist, hat es gar nicht so schwer, einigen dieser Gemeinsamkeiten auf die Spur zu kommen. Freilich fällt das bei Nietzsche bedeutend leichter, denn bei Seume muss man sich zunächst mit einer steinernen Gedenktafel begnügen, die noch dazu ein später gebautes Haus ziert.

Beide berühmten Männer wurden in kleinen Orten geboren, Nietzsche in Röcken und Seume in Poserna, und ihre Geburtsorte liegen dicht beieinander. Nietzsche wurde am 15. Oktober 1844 geboren. Da war der 1763 geborene Seume schon 34 Jahre tot. Und Nietzsches Schaffenszeit war durch die früh einsetzende geistige Umnachtung stark eingeschränkt. Diese verhinderte noch dazu, dass er seine Anfang der 1890er Jahre einsetzende Berühmtheit bewusst miterleben konnte.

Eine Gemeinsamkeit hat ihr Leben besonders geprägt: Beide mussten ihre Geburtsorte wegen äußerer Umstände schon im frühen Kindesalter verlassen, nach nur kurzem Besuch der heimischen Dorfschulen.

Nietzsches Geburtsort lädt ein, in eine Welt einzutauchen, in der die Zeit stehen geblieben zu sein scheint. Im Pfarrhaus erblickte der Junge als erstes Kind des Pfarrers Carl Ludwig Nietzsche und dessen wesentlich jüngeren Frau Franziska das Licht der Welt. Und das am Geburtstag des Königs, weswegen ihn der Vater in der nur wenige Schritte entfernten Dorfkirche auf die Vornamen Friedrich Wilhelm taufte.

Der kleine Fritz wuchs in einem Frauenhaushalt auf. Mit Mutter, Großmutter und zwei Tanten väterlicherseits, einem Hausmädchen und bald noch der kleinen Schwester Elisabeth. 1849 starb sein Vater, mit dem er einst von Lützen nach Röcken gewandert war, eine Wanderung, die sich ihm tief ins Gedächtnis eingegraben hatte – und bald darauf auch sein kleiner Bruder. Nun wuchs er in einer völlig von Frauen dominierten Umgebung auf.

Wohl auch deshalb liebte er die Besuche bei seinem Großvater im nahen Pobles. Dessen Pfarrhof glich mit den vielen Tieren eher einem Bauernhof. David Oehler war ein frommer, fast bäurisch erdverbundener Mann, der die Tochter eines wohlhabenden Rittergutsbesitzers geheiratet hatte, Klavier spielte, Wert auf die Hausmusik legte und eine gut sortierte Bibliothek besaß. Die Bibliothek und die in großer Runde gefeierten Familienfeste hatten es dem Jungen besonders angetan.

Als Friedrichs Mutter nach dem Tod seines Vaters das Röckener Pfarrhaus räumen musste, ging sie mit den Kindern nach Naumburg, und der Frauenhaushalt wurde in neuer Umgebung fortgeführt. Wie sehr der kränkelnde Junge Röcken vermisste, spürt man in seinem kleinen Gedicht, das er »Trautes Dörflein!« überschrieben hatte:

> »Wie oft gedenke ich Dein!
> Hätte ich Flügel,
> ich würde mich über Höhen und Täler schwingen
> und zu Dir eilen...«

Nach seiner Schulzeit in Naumburg und Schulpforta studierte er in Bonn und Leipzig. Schon im Alter von 24 Jahren wurde der brillante Denker, der seiner Zeit weit voraus war, Professor für Klassische Philosophie in Basel. Allerdings legte er die Professur zehn Jahre später wegen seiner sich verschlechternden Gesundheit nieder. Der völlige Zusammenbruch 1889 in Turin führte zu geistiger Umnachtung, und er musste von seiner Mutter gepflegt werden. Nach deren Tod »kümmerte« sich seine Schwester Elisabeth um ihn. Sie hatte sich bereits zur Gründerin und Leiterin eines Nietzsche-Archivs gemacht, das sie später aus Reputationsgründen von Naumburg nach Weimar verlegte. Das »Lama«, wie Friedrich sie früher genannt hatte, erhob sich zur alleinigen Nachlassverwalterin und übernahm schon zu seinen Lebzeiten die Interpretationshoheit über Werk und Person. Vor allem durch Brieffälschungen und die Herausgabe des Buches »Der Wille zur Macht« gelang es ihr, in Deutschland einen regelrechten Nietzsche-Kult zu inszenieren, und das von ihr verbreitete Nietzsche-Bild kam dem Geist des Nationalsozialismus entgegen. Seine Freunde und Vertrauten allerdings mochten es weder teilen, noch konnten sie dessen Zustandekommen nachvollziehen.

Am 28. August 1900, drei Tage nachdem Nietzsche in Weimar verstorben war, wurde er am Geburtstag Goethes im Schatten der Röckener Kirche beigesetzt, neben dem Grab seines Vaters. Als seine Schwester 1935 in Röcken bestattet wurde, drängte sich das »Lama« zwischen Bruder und Vater. – Im kleinen Museum kann sich der Besucher freilich ein unverfälschtes Bild vom großen Philosophen machen, der weltweit verehrt wird. Nachdenklich stimmt die zu seinem 100. Todestag aufgestellte lebensgroße Skulpturengruppe – und im nahen Naumburg lädt im Weingarten 18 das Haus zum Besuch ein, das die Mutter mit ihren Kindern 1858 bezogen hatte. Seit 2008 ergänzt der Neubau des Nietzsche-Dokumentationszentrums das Ensemble, wo das gesamte Nietzsche-Schrifttum gesammelt und der Öffentlichkeit zugänglich gemacht wird.

Doch wir sollten darüber nicht Johann Gottfried Seume vergessen! Von Röcken sogar zu Fuß zu erreichen ist das alte Dörfchen Poserna. Hier wurde der Junge am 29. Januar 1763 als erstes von fünf Kindern eines Landwirts geboren. Sein Geburtshaus wurde allerdings in den Befreiungskriegen gegen Napoleon zerstört, so dass nur noch eine steinerne Gedenktafel am Nachfolgebau an den ungewöhnlichen Schriftsteller erinnert. Doch das Schloss im nahen Lützen beherbergt in seinem Museum mit Autographen, Dokumenten und Erinnerungsstücken einen großen Teil seines Nachlasses.

Viel weiß man nicht aus Seumes Posernaer Jahren, nur dass er die Schule im Ort besuchte und der Vater 1770 sein dortiges Gut verkaufte, um in Knautkleeberg bei Leipzig den Gasthof »Zum weißen Ross« zu pachten, zu dem auch eine beträchtliche Landwirtschaft gehörte. Wie alle Knautkleeberger Schulkinder besuchte auch der kleine Gottfried die Schule in Knauthain, wo er schon mit Zehn der Beste war. Doch 1770/71 waren berüchtigte Hungerjahre, die auch den Seumes großes Elend brachten. Der Vater wurde schwer krank, verlor sein ganzes Vermögen und starb schließlich nach dreijährigem schweren Leiden. Frau und fünf Kinder blieben beinahe mittellos zurück.

Was aus seinem Ältesten geworden wäre, wenn sich nicht Graf Friedrich Wilhelm von Hohenthal des begabten Jungen angenommen hätte? Die Familie von Hohenthal hatte 1753 das Knauthainer Schloss gekauft, das Anfang des 18. Jahrhunderts anstelle eines alten Wasserschlosses im französisch-klassizistischen Stil erbaut worden war. Später hatte man es renovieren und den Park im englischen Stil umgestalten lassen. – Jetzt strahlt es wieder in einstiger Schönheit, und sein Park ist öffentlich zugänglich.

Graf Hohenthal übernahm also die weitere Ausbildung des jungen Seume, das heißt, er schickte ihn auf die Schule nach Borna und anschließend noch anderthalb Jahre an die Leipziger Nikolaischule. Doch mit dem anschließenden Theologiestudium konnte sich Seume nicht recht anfreunden. So verließ er Leipzig heimlich, um nach Paris zu wandern. Damit begann ein rastloses, vor allem aber abenteuerliches und höchst gefährliches Leben, von dem seine Bücher ein gutes Bild vermitteln.

Da ist auch noch das Göschenhaus in Grimma-Hohnstädt. Seume arbeitete von 1797 bis 1801 als Lektor und Korrektor in Göschens Druckerei und war als dessen Freund häufig in dem Haus in Hohnstädt zu Gast. Jetzt ist hier ein Seumezimmer eingerichtet, der wohl eindrucksvollste Ort der Erinnerung an den Dichter und engagierten Aufklärer, den Mann aus dem Volk, der Freiheit, Gleichheit und Recht für alle forderte, und unangepassten Querdenker, den asketischen wie bescheidenen Menschen.

Doch Nietzsche und Seume haben mehr gemeinsam als benachbarte Geburtsorte und frühe Entwurzelung: Beide waren viel unterwegs. Nietzsche zunehmend auf der Suche nach idealen klimatischen Bedingungen, die ihm seine Leiden erträglicher machen sollten, wozu auch die südlichere Sonne im Winter gehörte. Seume, der so oft Zwängen ausgesetzt war und Gefangenschaft ertragen musste, war ein überzeugter Wanderer. Er lief von Grimma nach Leipzig ins Theater und zurück oder nach Knautkleeberg, um seine über alles geliebte Mutter zu sehen, später nach Poserna, wohin sie im hohen Alter zu ihrer Tochter gezogen war. Literarisch ist er uns heute vor allem durch seinen »Spaziergang nach Syrakus« noch ein Begriff, eine in Wirklichkeit höchst gefährliche Wanderung nach Sizilien, bei der er zwei Mal nur knapp mit dem Leben davon gekommen war.

Und beide starben an ihren Krankheiten vergleichsweise jung: Nietzsche mit 55 in Weimar, nach fast 12-jährigem Siechtum, und der robuste Seume mit 47 in Teplitz, wo er ein Blasen- und Nierenleiden auskurieren wollte.

Warum Fremde ihren Blick meist nach oben richten

Ein Städtchen, dessen Wurzeln wahrscheinlich auf Kaiser Karl den Großen zurückgehen, ist wahrhaft geschichtsträchtig. So meint man schon mit leichtem Schaudern einen Hauch längst vergangener Zeiten zu verspüren, wenn man sich vorstellt, dass hier im Jahre 780 der später zum Römischen Kaiser gekrönte Karl I. nach einem Feldzug gegen die heidnischen Sachsen ein Missionszentrum gegründet haben soll, das er bezeichnenderweise »Salingenstede« (»Seligenstadt«) genannt hat. Mit zunehmender Grausamkeit wurde das sächsische Volk unterworfen, mit Predigt und Massentaufen christianisiert und in das Fränkische Reich eingegliedert.

Es vergingen knapp 200 Jahre, da verlieh Kaiser Otto II. dem Ort das Münz- und Zollrecht sowie das Marktrecht, und ein Jahrhundert danach tauchte zum ersten Mal in einer Urkunde der Namen »Ostrewic« auf. Und als »Osterwieck« ist das nördlich vom Harz und südlich vom Fallstein gelegene Ilse-Städtchen fortan auf vielfältige Weise in die Geschichte eingegangen.

Es ist ein Glücksfall, dass von dieser Geschichte seit dem 15. Jahrhundert nicht nur beschriebenes Papier geblieben ist. Denn jeder, der sich dafür interessiert, kann schon auf der Straße mitten durch gut fünf Jahrhunderte wandeln. Hilfreich dabei ist eine Stadtführung oder wenigstens Informationsmaterial, wie es in Stadtinformation, Heimatmuseum oder Stephanikirche vorhanden ist – und der konsequente Blick nach oben. Nur so kann man all die Schönheit sehen und würdigen. Osterwiecks Innenstadt, die komplett unter Denkmalschutz steht, ist ein nahezu vollständig erhaltenes Ensemble von fast 400 Fachwerkhäusern, von denen die ältesten noch aus dem

15. Jahrhundert stammen. Sie sind nicht nur anschauliche Beispiele, wie sich das Fachwerk in den einzelnen Baustilen von der Gotik bis zum Barock entwickelt hat, sondern zeugen mit ihren reich verzierten Fassaden auch vom Reichtum der Erbauer und erzählen von deren Geschichte.

Außer farbenprächtigen, geschnitzten Fächerrosetten fallen besonders reiche figürliche Schnitzereien auf. Die Putten, Fabelwesen, Vögel, Affen, Meerjungfrauen und der Narr am 1534 erbauten »Eulenspiegelhaus« (Schulzenstraße 8) sind sogar in Sachsen-Anhalt einzigartig. Noch früher ist der Ackerbürgerhof in der Kapellenstraße 27 entstanden, der mit Hauptgebäude, Wohnhaus, Stall, Schuppen, Werkstatt, Brunnen und Taubenturm nahezu unverändert erhalten ist. Das Hauptgebäude besitzt einen Erker, wie er in Osterwieck sonst nicht mehr zu sehen ist.

Bei den Verzierungen findet sich auch ein Element, das sich bei Fachwerkbauten höchst selten findet: merkwürdig miteinander verschlungene dünne Linien, die weder Anfang noch Ende erkennen lassen. Das sind die für Osterwieck typischen Zauberknoten, denen vor allem eine Schutzfunktion nachgesagt wird. Sie sollen das Böse fernhalten.

Und noch eine Besonderheit weisen viele Fachwerkbauten auf, wodurch sie Osterwieck zu einer sehr speziellen Stadt der Reformation machen. Beim genauen Betrachten lassen sich mehr als 40 Inschriften entdecken, die vom Geist lutherischer Theologie geprägt sind – und damit öffentliches Bekenntnis protestantischer Frömmigkeit. Oft sind das Zitate aus Psalmen, die dem Volk erst durch Luthers Übersetzung ins Deutsche zugänglich geworden waren. Sie zu entziffern und zu verstehen braucht allerdings Hilfe und etwas Übung. Beispielsweise in der Schützenstraße 3 »Lobet den Herrn Alle heiden und Preiset Ihnen Alle Völker, denn seine gnade und Warheit waltet« (um 1600) oder in der Neukirchenstraße 4 »Wer Fest glaübt an Jhesum Christ Deß deüffels uberwinder Ist- Ist gott mit uns wer kan wider uns« (1550/80) oder in der Mittelstraße 26 »Wo der Herr nicht das Haus bawet, so arbeiten umbsonst, die daran bawen. Wo der Herr nicht die stad behütet, so wachet der wechter umbsonst!« (von 1578).

Einem Gebäude am Markt sieht man sein Alter äußerlich nicht an, dafür kann man sich im Innern in aller Ruhe von seiner Betagtheit überzeugen. Es ist das historische Rathaus von 1554. Es beherbergt das Heimatmuseum mit seinen schönen, außergewöhnlich vielfältigen Sammlungen. Diese reichen von prähistorischen Funden wie einem Höckergrab aus der Jungsteinzeit über Zeugnisse mittelalterlichen Handwerks mit historischer Schuhmacherwerkstatt bis zum Osterwiecker Ledergeld, das 1922/23 herausgegeben wurde.

Die nur wenige Schritte entfernte St. Stephanikirche ist ein Denkmal der Romanik, der Spätgotik und des frühen protestantischen Kirchenbaus. Sie zieht den Besucher vor allem durch ihre wertvolle Ausstattung in ihren Bann. Schon beim Betreten fällt der Blick auf die Brüstungsgemälde an den Emporen: 32 Bilder zum Alten und Neuen Testament. Der prächtige Aufgang zur Kanzel im Stil der Hochrenaissance zeigt die fünf Tugenden, und der Kanzelkorb wird von der farbenprächtigen Figur des heiligen Stephanus getragen. Auf der romanischen Altarmensa steht ein spätgotischer zweifacher Wandelaltar mit Passions- und Festtagsseite von 1484, darunter befinden sich sieben Halbfiguren gekrönter weiblicher Heiliger. Es ist aber die Turmfront, die Osterwieck an die Straße der Romanik gebracht hat, und mit etwas Glück lässt sich dieser Teil sogar von innen in Augenschein nehmen.

Die tiefverwurzelte Gottesfürchtigkeit der Osterwiecker kannte jedoch auch unrühmliche Ausnahmen. Eine davon war Brandt Schmalian, der Bruder des Bürgermeisters Autor Schmalian. 1566 in Osterwieck geboren, zog es Brandt als Söldner in den Krieg. Wieder daheim entwickelte er sich zum wohl meistgehassten Missetäter. Man kann sich kaum eine Schandtat vorstellen, die Brandt nicht begangen hat, Raub, Körperverletzung, Hausfriedensbruch, Brandstiftung ... Deshalb wurde er mit 65 Anklagepunkten zum Tode durch Verbrennen verurteilt. Und so lässt ihn die Leiterin des Heimatmuseums in einer Ballade erzählen:

»Da waren wir zwei Brüder, Autor Schmalian und Brandt,
Fast eine Geschichte, wie uns aus der Bibel bekannt.
Mein einer Bruder brav und doch ich viel zu rasant.
Mein Bruder laut Ratstabula zum Bürgermeister gewählt
Und ich, ich wegen Missetaten zum Schmauchen gequält ...«.

Für das Feuer am 5. November 1614, Brandt hatte zuvor auch den letzten priesterlichen Beistand trotzig abgelehnt, soll allerdings kein trockenes Holz verwendet worden sein. Sparsamkeit der Osterwiecker? Oder doch Gnade, damit der Delinquent, ehe ihn die Flammen erfassen, erstickt?

Einen »Brand Schmalian« gibt es übrigens in Osterwieck heute wieder. Allerdings ist der zur Sicherheit in eine Flasche eingesperrt – und man kann ihn sogar mitnehmen. Anders als sein Namensgeber richtet er aber keinen Schaden an, sondern ist richtig nützlich: der nach einer Rezeptur von 1848 hergestellte hochprozentige Kräuterlikör!

Gefährdetes einzigartiges Zeugnis kursächsischer Barockarchitektur und blühende Gartenstadt

Ja, es hat wirklich schon bessere Zeiten gesehen, das Hofgestüt Bleesern! Es liegt nur wenige Kilometer südwestlich von Wittenberg und südlich vom einstigen Dörfchen Piesteritz. Mit dem Ausbau Wittenbergs zur sächsischen Herzogsresidenz im 14. Jahrhundert war Bleesern herzogliches und später kurfürstliches Vorwerk geworden und wurde als solches 1379 erstmals urkundlich erwähnt. Kurfürst Friedrich der Weise nutzte es ab 1487/88 als kurfürstlich-sächsisches Hofgestüt.

Doch 60 Jahre später erlebte hier sein Neffe Johann Friedrich die wohl bittersten Stunden seines Lebens. Als Heerführer der Protestanten im Schmalkaldischen Krieg hatte er in der Schlacht bei Mühlberg eine Niederlage erlitten und war von Kaiser Karl V. gefangen genommen und zum Tode verurteilt worden. Er wurde nach Bleesern gebracht, wo der Kaiser sein Feldlager eingerichtet hatte. Um sein Leben zu retten, hat Johann Friedrich hier die Wittenberger Kapitulation unterschrieben. Diese bedeutete nicht nur das Kriegsende, sondern auch dass er die Kurwürde an die albertinische Linie der Wettiner abtreten musste. Weil sein Vetter, der protestantische Herzog Moritz, den Kaiser unterstützt hatte, wurde Moritz Kurfürst und Wittenberg albertinisch. Bleesern wurde nach dem Krieg verwüstet, und bald darauf ließ Kurfürst August von Sachsen hier eine herrschaftliche Gutsanlage mit schlossartigem Herrenhaus und Lustgarten errichten, die allerdings im Dreißigjährigen Krieg weitgehend zerstört wurde. 1675 wurde nach Plänen des sächsischen Oberlandbaumeisters Wolf Caspar von Klengel ein völliger Neubau in Angriff genommen. Was davon heute noch vorhanden ist, gehört zum ältesten erhaltenen Gestütsbauwerk Deutschlands und ist eines der wichtigsten Denkmale der historischen Pferdezucht in ganz Europa. Wer das weiß, sieht die Ruinen mit anderen Augen!

Das benachbarte Piesteritz am anderen Elbufer hatte davon profitiert, dass Friedrich der Weise, der nach dem Kaiser der Mächtigste war, Wittenberg zur Residenz erhoben und hier 1502 eine Universität gegründet hatte. Bald darauf hatte er die Schlosskirche samt Allerheiligenstift der Universität übergeben, wodurch Piesteritz Universitätsdorf wurde. Die Piesteritzer mussten also dorthin Abgaben, Zinsen und Frondienste leisten, erhielten aber auch eine Gegenleistung. Die Studenten lehrten sie dafür Lesen und Schreiben. 1870 hatte das Bauern- und Hirtendorf mit dem ungewöhnlichen Namen (vom slawischen »Bystrica« – schneller Bach) gerade mal 140 Einwohner. Doch dann kamen Papiermühle, Spinn- und Tuchfabrik, Steingutfabrik und die erste chemische Fabrik. Innerhalb von

nur 30 Jahren wuchs die Bevölkerung enorm an und überschritt die Tausender-Marke.

Zu einer wahren Bevölkerungsexplosion kam es mit dem Bau des Stickstoffwerks 1915. Kalkstickstoff sollte den Salpeter ersetzen, der wegen der britischen Seeblockade nicht mehr als Düngemittel zur Verfügung stand. Eine Zuwanderungswelle brachte Menschen aus Bayern, Westfalen, Schlesien und Polen nach Piesteritz – und die brauchten hier Wohnraum. So erhielt der Schweizer Architekt Otto Rudolf Salvisberg den Auftrag, für etwa 2 000 Beschäftigte eine »gartenstädtische Werkssiedlung« zu planen. Zwischen 1916 und 1919 entstanden 363 Reihenhäuser oder größere Einfamilienhäuser, alle mit Innentoiletten und fest installierten Badewannen. Die nutzbare Wohnfläche lag zwischen 52 und 123 Quadratmetern. Vom Grundstück wurden höchstens 22 Prozent bebaut. Und, wie der damalige Werksdirektor Richard Beneke in einer

Kladde notiert hat, standen die Häuser der Arbeiter neben denen der Betriebsleiter, so dass diese auf das Verhalten der Arbeiter achten konnten: »eine Mischung aus Fürsorge und Kontrolle«. Es wurden auch ein Rathaus, ein Kauf- und Vereinshaus, ein Damenheim für unverheiratete Sekretärinnen und sogar eine katholische Kirche gebaut, weil sich die Zahl der Katholiken durch die Zuwanderung stark erhöht hatte.

Die Werkssiedlung hat den Zweiten Weltkrieg unversehrt überstanden. Weil Piesteritz schon 1950 von Wittenberg eingemeindet wurde, wurde das Rathaus frei und wird seitdem als Schule genutzt. 1986 wurde die Siedlung, zwar mit ergrautem Charme und bröckelndem Putz, unter Denkmalschutz gestellt und hatte das Glück, im Jahr 2000 als Expo-Projekt vollständig saniert zu werden. Ein Rundgang durch die in ihren ursprünglichen Farben wiedererstandene Siedlung ist nicht nur ein ästhetischer Genuss und weckt deshalb bei manchem Besucher den Wunsch nach weiteren Informationen und sachkundiger Führung. Diese sollte man unbedingt vorher vereinbaren. Dass sich die Piesteritzer der Einzigartigkeit ihres Stadtteils zunehmend bewusst werden, haben auch die Feierlichkeiten zum 650. Jahrestag der urkundlichen Ersterwähnung gezeigt, die von einem großartigen Festumzug und viel Geschichte in den Schaufenstern gekrönt waren.

Und das Wissen um die Einmaligkeit des Hofgestüts Bleesern, das aktuell vom Abbruch bedroht ist, hat weitere Kräfte mobilisiert. In den letzten Dezembertagen des Jahres 2010 hat sich ein Förderverein gegründet, der das Gestüt retten will. Dafür ist freilich neben Enthusiasmus, gebündeltem Fachwissen und großem persönlichen Einsatz auch viel Geld notwendig. Geld, um das Gestüt zu erwerben, es denkmalgerecht zu sanieren und Nutzungsvisionen in die Tat umzusetzen. Es soll den touristischen Charme der von Reformationsgedenkstätten und Gartenreich geprägten Region um ein unverwechselbares Ensemble des sanften Naturtourismus bereichern.

Von Anna Maria und Klein-Friedenthal

Das kleine Dorf Pödelist zwischen Freyburg und Weißenfels ist auf den ersten Blick ganz unscheinbar. Wer aber Freude daran hat, selbst etwas zu entdecken, und eine Portion Phantasie mitbringt, der ist hier genau richtig.

Lassen Sie sich inspirieren von einer Geschichte, wie sie ganz ähnlich aus der Literatur kennen. Hier aber hat sie sich wirklich zugetragen. In Pödelist wurde am 10. August 1736 jemand geboren, der später Tambour in der Armee Friedrichs des Großen werden sollte. Und dieser Jemand war in Wirklichkeit ein Mädchen und hieß Anna Maria Schubert.

Das blonde Mädchen, das beim Schulmeister ein wenig Lesen und Schreiben gelernt hatte und in Haushalt und Stall und auf dem Feld arbeitete, war gerade 20, als ihr Freund von den Werbern in die sächsische Armee geholt wurde. Doch er wurde bald von der Armee Friedrichs des Großen gefangen genommen und kam als preußischer Soldat mit seinem Regiment in die Weißenfelser Gegend,

Als Anna Maria davon erfuhr, beschloss sie, sich in seinem Regiment anwerben zu lassen. Dazu schnitt sie sich heimlich die Haare ab und zog Kleidung ihres Bruders an. Sie war zwar klein und schmächtig, wurde aber als Trommler in der Grenadierkompanie genommen. Und so erlebte sie unentdeckt die großen Schlachten des Siebenjährigen Krieges mit, auch den Tod ihres Freundes in der Schlacht bei Leuthen.

Sie war schon drei Jahre dabei, als sie bei einem Marsch zusammenbrach und der Feldscher bei der Untersuchung ihr Geheimnis entdeckte. Mit reichlich »Zehrgeld« wurde sie aus der Armee entlassen. In Trebnitz bei Teuchern, wo sie am 20. August 1789 ledig starb, wurde ins Kirchenbuch eingetragen, dass Anna Maria Schubert während des Siebenjährigen Krieges drei Jahre als Tambour in der Königlich Preußischen Armee gedient hat und nach ihrer Entdeckung den Abschied nahm.

Gleich hinter dem Dorf, in dem Anna Maria den ersten Teil ihres Lebens verbracht hat, liegt ein großes Waldgebiet, die Alte Göhle. Auf dem Weg von der Weißenfelser Residenz zum Jagdschloss Neuenburg war hier einst das Jagdrevier der Herzöge von Sachsen-Weißenfels. Der für sein verschwenderisches Hofleben bekannte Herzog Johann Georg ließ einen barocken »Thiergarten« anlegen, wo das edle herzogliche Wild gehegt, gepflegt und vor fremden Zugriff geschützt wurde. Nahe am Fürstenweg entstand ein barocker Lustgarten mit Palais, kunstvollen Pflanzungen und Teich. Dies alles weihte der Herzog 1703 ein und gab ihm den Namen Klein-Friedenthal.

Vermutlich kannte Anna Maria Schubert dieses Refugium gut. Wahrscheinlich hatten auch Fröner aus dem Dorf Pödelist mithelfen müssen, diese Anlage in die Landschaft hineinzubauen. Vielleicht musste sie dort auch selbst mit zur Hand gehen, wenn der Herzog alljährlich im September mit seinen Gästen in der Alten Göhle jagte und feierte.

Fest steht, dass die Geschichte Klein-Friedenthals in Jahren kaum länger währte als Anna Marias Leben. Mit dem Siebenjährigen Krieg endete die »adlige« Geschichte der Alten Göhle.

Später eroberte sich die Bürgerschaft das einst den Fürsten vorbehaltene Terrain und ließ sich hier vom Gärtner Lentsch Bier ausschenken. Doch der Verfall war nicht lange aufzuhalten. Als das Wohnhaus des Gärtners teilweise zusammenstürzte, verließ er seinen Garten und zog auf die Neuenburg. 1773 wurde die Anlage auf Abbruch verkauft und in wenigen Wochen abgerissen. Nachdem der Garten beseitigt war, besäte man den Platz mit Birken, Buchen und Eichen.

Engagierten Mitarbeitern des Naturparks »Saale-Unstrut-Triasland« und der finanziellen Unterstützung der Europäischen Union ist es jedoch zu danken, dass Klein-Friedenthal nicht für immer verloren ist.

Mit ein bisschen Zeit und Entdeckerfreude werden Sie nicht nur den wieder aufgemauerten Gartenbrunnen finden, bei dessen Schachtung man einst erst in 91 Metern Tiefe auf Wasser getroffen war. Wenn Sie sich von den Informationstafeln und Skizzen inspirieren lassen, können Sie es für sich neu entdecken, das ehemalige Kleinod mitten im Wald. Und dann wird er vielleicht vor Ihrem geistigen Auge wiedererstehen: der barocke Lustgarten Klein-Friedenthal mit seiner Kastanienallee und den hohen Buchenhecken, mit seinem terrassierten Hang und Obstpflanzungen und dem Fürstenhaus in der Mitte. Sie werden den Teich erahnen, den Freitagshügel und das Wallgrabensystem sehen. Und wenn Sie dann noch die Augen schließen, können Sie sich bestimmt vorstellen, wie es war, wenn die Herzogliche Familie hier mit ihren Gästen zur Jagd weilte – und was dann Anna Maria Schubert möglicherweise gerade tat.

Standesgemäßer Herrensitz und noble Adelsherberge mit einem düsteren Geheimnis

In der Dübener Heide muss es früher recht grausam zugegangen sein.

Da soll auf der Burg Düben ein ehrlicher und rechtschaffener Cöllner Kaufmann erkannt haben, dass es ein gefährliches Wagnis ist, sich gerichtlich mit einem Adligen anzulegen. Ein hiesiger Junker hatte dessen Pferde stehlen lassen und die Herausgabe von der Zahlung eines horrenden Futtergeldes abhängig gemacht. Der derart gleich doppelt betrogene Kaufmann sah bald keine andere Möglichkeit sein Recht zu erringen als den gewaltsamen Kampf. Sein tragisches Schicksal hat dereinst den Schriftsteller Heinrich von Kleist zu seiner Novelle »Michael Kohlhaas« angeregt. Diese erlangte Weltruhm und ist inzwischen in gut 40 Sprachen übersetzt.

Nicht wirklich historisch belegt ist indes die Geschichte vom grausamen Vater, der befohlen haben soll, sein Kind im Keller einzumauern. Damit wollte der Fürst, der vorgab, dass ihm das Wohl seiner Tochter am Herzen liege, die nicht standesgemäße Liebesbeziehung des Mädchens ein für alle Mal unterbinden. – Und es findet sich sogar ein vager Anhaltspunkt dafür, dass dieses Vorkommnis nicht ganz aus der Luft gegriffen sein könnte.

Die Dübener Heide ist überhaupt ein Landstrich voller Geschichten. Seit 1992 ist sie Naturpark und bietet ihren Besuchern aktive Freizeitfreuden, sei es nun beim Spazierengehen, Wandern, Pilze Sammeln oder Nordic Walking, beim Radfahren oder vielleicht sogar Skilaufen. Und weil sie das größte zusammenhängende Mischwaldgebiet Mitteldeutschlands ist, sollte der Besucher sicherheitshalber Vorsorge treffen, damit er dabei trotz guter Wegemarkierung nicht die Orientierung verliert. Die gute, alte Wanderkarte ist völlig ausreichend. Wer es hingegen trendiger mag, kann sich auch eine GPS-gesteuerte Wanderkarte aufs Handy herunterladen. Damit ist der Naturpark Dübener Heide mit seiner in der Eiszeit geformten Moränenlandschaft übrigens in den neuen Bundesländern die erste Region, die GPS-Wandern anbietet, inzwischen auf deutlich mehr als 100 verschiedenen Routen.

Ganz gleich, ob Sie sich von einem konventionellen Faltplan oder Ihrem Handy leiten lassen, wenn Sie die Geschichte mit der eingemauerten Jungfrau überprüfen wollen, führt kein Weg am kleinen Dorf Reinharz bei Bad Schmiedeberg vorbei.

Hier scheinen Kirchturm und Turm des Wasserschlosses miteinander zu konkurrieren. Und es ist schon ungewöhnlich, dass der Kirchturm sogar vom Schlossturm überragt wird. Die besondere Gestalt des Wasserschlosses und die verhältnismäßig große Höhe seines Turmes sind eng mit der Geschichte der Familie Löser verbunden. Der sächsische Erbmarschall Heinrich von Löser war 1666 durch den Kurfürst Johann Georg II. mit dem Rittergut Reinharz belehnt worden. Das alte Herrenhaus erschien ihm jedoch nicht standesgemäß, um die Fürsten und Kurfürsten zu beherbergen, die gern und oft in den umliegenden Wäldern jagten. Schließlich waren Heinrich von Löser und auch sein Sohn Hans als Erbmarschälle die Führer der Adelspartei am sächsischen Hof und brauchten schon deswegen einen angemessenen Stammsitz.

Also wurde 1690 der Bau eines schönen Barockschlosses in Auftrag gegeben, das 1701 fertiggestellt wurde. Seine äußere Schlichtheit ließ den Prunk im Innern nicht einmal erahnen. In den prachtvollen Festsälen dürfte wohl auch August der Starke mehrfach geweilt haben, der die Jagd in diesem Gebiet sehr schätzte. Schloss Reinharz hatte offenbar all das aufzuweisen, was von repräsentativen Schlossanlagen immer berichtet wird: So viele Säle, wie das Jahr Monate hat, die Zahl der Türen entspricht der Anzahl der Wochen und Fenster gibt es für jeden Tag eines. Außerdem war das Wasserschloss von einem großen barocken Park umgeben, der in die Heidelandschaft überging. Zwei Jahre nach dem Bau des Schlosses wurde auch der Bau der Kirche beendet, ebenfalls ein Auftrag von Heinrich von Löser. Es wird erzählt, dass das Gotteshaus deswegen besonders prachtvoll ausgefallen ist, weil man dafür auch die beim Schlossbau eingesparten Mittel zur Verfügung hatte.

Seinem Sohn Hans ist der ungewöhnlich hohe Schlossturm zu verdanken. Hans interessierte sich für Mathematik, Astronomie und Physik. Für seine astronomischen Studien ließ er den Turm auf 68 Meter erhöhen und richtete hier eine Sternwarte ein. Außerdem begründete er im Schloss eine mechanisch-optische Werkstatt, in der Fernrohre und astronomische Instrumente gefertigt wurden, die sich schnell einen guten Ruf erwarben.

In diesem Schloss soll also die unglückliche Jungfrau eingemauert worden sein und ihr Geist noch immer keine Ruhe geben, sondern durch die Säle ziehen?! Vom ersten Eindruck her ist das nicht auszuschließen. Zwar ist das Dach frisch gedeckt, doch die Fassade bekommt nur bei ganz bestimmten Lichtverhältnissen jenen einladenden Charme, in dem sie sich auf stimmungsvollen Fotos zeigt. Der Park hat sich längst in einen weitläufigen Landschaftsgarten verwandelt, der freilich noch schöne barocke Elemente bewahrt hat. Ein Förderverein sorgt dafür, dass Leben in das Schloss einzieht, sei es nun bei den regelmäßigen Führungen und Konzerten, die in der Barockkirche oder dem großen der beiden prächtigen Festsäle stattfinden oder beim meist mit einem Konzert verbundenen Heidesonntag am ersten Sonntag jedes Monats.

Den Geist der eingemauerten Jungfrau werden Sie bestimmt schon spüren, sobald Sie das Schloss betreten. Bereits in der Eingangshalle erwartet Sie eine nackte Jungfrau, die von einem geflügelten Untier bewacht wird ...

Illustrationen
Mirko Rathke - Titelbild und Seite 18
Wolfgang Donath - Seite 10
Bianca Dziwas - Seite 65
Sonja Riedelsberger - Seiten 14, 31, 40, 45, 70/71
Ehrhard Seume - Seite 24
Rosemarie Wendicke - Seiten 35, 49, 55, 59, 74
Heike Wilde - Seite 79